최
미
옥

사진 | 강지영

양조장을 하던 외가에서 자라서 그런가. 잘하지는 못해도 음주가무를 어릴 적부터 좋아했다. 이말 삼초 막연히 마흔 즈음 탱고를 배워봐야지 라고 생각했었다. 바쁘고 분주한 인생사에 잊고 지내다 외롭고 치열한 타국살이 중 오래전 기억이 소환됐다. 그리고 필연 같은 우연으로 탱고를 시작했다. 그렇게 늪처럼 빠져들던 탱고는 이제는 내 삶의 동반자, 말 그대로 소울메이트Soulmate가 되었다. 탱고의 사전적 정의는 '아르헨티나의 민속춤'이겠지만 이걸로 탱고를 표현하기에는 부족하다. '나에게 탱고란?'라고 묻는다면, "탱고는 소울Soul이다."심지어 우리말 '정신'이라 번안해 쓰는 것도 2% 부족한 느낌이다라고 답하겠다. 탱고는 여느 춤처럼 '음악을 몸으로 시각화' 한다. 그런데 정해진 패턴 없이 두 사람이 하나가 되는 고도의 교감을 가지고 하기 때문에 음악으로 치면 재즈Jazz 같다고나 할까. 한 두번 배워 가볍게 출 수 있는 춤이 아니다보니 인내도 겸손도 필요하다. 또한 탱고는 한눈에 반해 불같이 빠져드는 젊은 날 첫사랑이 아닌, 서서히 서로에게 스며드는 중년의 철든 사랑 같기도 하다. 뮤지엄 공간큐레이터로 콘텐츠를 공간화하고, 생각을 시각화하는 내 업무와도 닮았고, 내가 추구하는 궁극의 디자인 있는 듯 없는 be but not과도 닮았다. 사람도 그렇지 않나. 닮은 사람에게는 자연스레 호감이 간다. 그러니 나는 탱고에 반할 수밖에 없고 탱고가 동의하든 안하든 탱고는 내 인생 후반전의 반려자, 소울메이트Soulmate가 되어야 할 운명이었던 거다.

탱고, 백년짜리 지구별 여행에 최고 반려 취미

CONTENTS

Chapter 1

어느 날
마흔이 되어 있었다

어느 날 마흔이 되어 있었다. '탱고'는 나이가 마흔쯤 되면 해보리라 막연히 생각했던 춤이었다......

이십대 중후반 학업을 마치고 직장 생활을 시작하면서 소위 나도 사회인이 되었다. 누가 진정한 인격의 독립은 경제적 독립이라고 했던가. 이제 겨우 인격의 독립을 했지만, 덩달아 세상이 만만치 않다는 경험이 보너스처럼 따라왔다. 통섭이니 융합이니 하는 개념도 없던 시절 언어학에서 디자인으로 전과하고 학부와 대학원 전공이 상이하게 다른 내가 어찌어찌 어렵게 잡은 '전시'라는 일은 너무 재미있는 분야였다. 그러나 워킹우먼을 로망하던 취업 준비 시절 환상은 어디에도 없고 치열한 일상이 매일 아침 나를 기다리고 있었다. 업무 자체의 매력으로 버티기에는 내가 직면한 몇몇 인간과 상황이 참으로 지저분하고 더러웠다. 직장인이라면 누구든 경험했을 무언가 위안과 휴식이 필요한 시기가 필드에 진출한 지 몇 년 만에 나에게도 찾아왔다. 그때 취미로 댄스를 시작했다. 나의 인생 영화 '더티 댄싱dirty dancing'과 그보다는 근자에 본 '쉘 위 댄스shall we dance'라는 영화가 분명 영향을 주었다. 처음으로 댄스 동호회에 들어가 배운 것은 스포츠댄스였다. 그런데 스포츠댄스는 배울 때뿐 써먹을 일이 없었다. 선수가 될 것도 아니고 고정 연습 파트너가 있던 것도 아니니 배움 자체는 즐거웠지만 좀 공허한 춤이었다. 그러다 소셜 댄스인 살사를 접하게 됐고 소싯적 열광하던 영화 '더티 댄싱'의 춤이 살사란 것도 알게 되었다. 뭔가 에너지를 발산하고 스트레스를 부셔내야 할 이말 삼초의 나에게 살사댄스는 안성맞춤인 취미였다. 댄스를 취미로 하면서 살사 외에도 다른 장르의 춤들에 자연스레 관심을 갖게 되었지만, 공연용 춤에 가까운 삼바니 플라멩고니 한국 고전무용들은 이미 소셜 댄스의 맛을 본 나에게는 그다지 매력이 없었다. 다만 '탱고'는 언젠가 개척하고 싶은 미지의 영역 같은 장르였다. 그래서 막연히 마흔쯤 되면 해봐야지 생각했다. 그렇지만 (지금 생각하면 우습지만) 당시 이십 대의 나에게 그 마흔은 정말 인생 여정에서 산 넘고 물 건너 수만 마일 떨어진 먼 곳의 얘기였다. 마흔이 되면 현장을 누비는 멋진 커리어우먼이 되어 베이지색 시트의 와인색 컨버터블을 몰고 다닐 만큼 경제적 성공을 거두고, 심지어 네 명쯤 아이를 가진 베테랑 주부이기도 한 나를 상상했던 거 같다. 이 쓸데없이 구체적인 상상 때문에 어느덧 마흔이 성큼 왔는데, 내 나이에 대한 현실 자각이 도무지 안 됐는지도 모르겠다.

　내가 하는 일—전시를 만드는 일—은 엄청난 에너지를 쏟아야 했고, 동료들은 멘탈을 갈아 넣는다고 표현한다. 디자인이라는 직종은 무슨 일인지 태생부터가 박봉이었다. 게다가 야근과 특근이 일상이고 그건 일반 회사를 다녀도, 프리랜서를 해도, 심지어 특채로 공공 기관에 임용되어서도 마찬가지였다. 여튼 이십 대를 지내고 삼십 대를 보내며 프로젝트가 하나 끝날 때마다 체력과 멘탈이 탈탈 털리는 일상 속에서도 용

케 연애라는 걸 하고(살사 동호회에서 반려자를 만났으니 춤과 내 인생은 참으로 뗄레야 뗄 수 없긴 하다.) 늦은 결혼과 그로부터도 한참 더 늦은 출산이라는 걸 하게 되었다. 결혼 후 일상의 안주도 있었고, 바쁨도 한 몫해 댄스라는 취미생활은 나와 아득히 멀어져 있었다. 그리고 늦깎이 엄마 그것도 워킹맘이 되자 일상은 더 분주해졌다. 그전까지 내가 입에 달고 산 '바쁘다'라는 말은 새빨간 거짓 같았다. 인생이란 게임에 아이가 한 명 등판하고 나니 경기의 판도가 완전히 바뀌었다. 시간도 체력도 모든 것이 내 것이 없었다. 아이가 너무 어려 받기를 곤란해하는 어린이집 반응은 아랑곳하지 않고 7개월 아기를 사무실 근처 어린이집에 밀어 넣듯 등록하고 출퇴근을 같이하는 생활이 시작됐다. 늦게 본 아이니 더없이 사랑스럽고 존재 자체가 감사했지만, 육아는 만만한 일이 아니었다. 매일 퇴근 시간이 오는 것이 두려울 지경이었고 한번은 회의와 밀린 업무에 치인 하루를 간신히 마치고 반포대교를 건너다 어린이집에서 아이를 픽업하지 않았다는 사실을 자각하고 화들짝 놀라 차를 돌려 다시 어린이집이 있는 혜화동으로 향한 적도 있었다. 나는 그렇게 늘 쫓기듯 일상을 살고 있었고 그 사이 마흔이라는 시간은 내가 자각하든 말든 내게 다가와 있었다.

아이가 19개월쯤 되었을 때 어린이집 원장님에게 면담 요청 콜이 왔다. 30년 차 베테랑 교사였던 원장님 눈에는 무언가 심각한 문제가 보였던 거다. 또래에 비해 말이 유난히 늦은 아들을 유심히 보시던 원장님 덕분에 아이가 선천성 청력손실이 있다는 걸 알게 됐다. 청천벽력 같은 사건이었다. 또래 친구들이 어린이집 입구에 있는 수족관을 보며 '빨간 물고기, 파란 물고기'를 말할 때 '엄마'라는 단어만 겨우 말하던 아이가 말을 배우느냐 마느냐의 기로에 있었던 거다. 학부 적 언어학을 전공한 나는 그 시기가 얼마나 중요한지 안다. 인간이 언어를 습득할 수 있는 세포가 태어나면서 왕성하다, 3-5세를 지나면서 급격히 소멸한다는 것을 책에서 읽은 기억이 희미하게 떠올랐다. 아이의 인생이 걸린 지대한 순간임에도 한편으론 워커홀릭처럼 한창 궤도에 올라 업무를 쳐내는 재미에 빠져있던 나였으므로 나의 커리어가 암 선고를 받은 것 같은 기분이기도 했다. 펑펑 울면서 휴직계를 내고 오직 육아라는 신세계로 자의 반 타의 반 입장해야 했다.

육아휴직은 시작했으나 선천성 청력손실 진단을 받은 세 살 아이를 어디부터 어떻게 케어해야 할지는 실로 막막했다. 일단 말을 빨리 가르쳐야 한다는 조급함은 나를 초조하게 했다. 서울에 소재한 특수학교들을 검색하기 시작했고 닥치는 대로 다이얼을 돌려 상담을 신청했다. 대부분 영유아가 아닌 장애등급을 받은 어린이들을 위한 농아학교였다. 상황이 맞지 않았다. 특수교육을 하는 센터도 찾았다. 예전엔 이런 교육시설이 있는지도 몰랐다. 급박하게 직면한 현실이 되고 보니 이전엔 몰랐던 여러 다른 삶들이 이 도시에 공존해 오고 있었음을 알게 되었다. 그러나 그 센터들은 넉넉한 티오와 여건을 가지고 나의 아이를 받아주기 위해 기다릴 수는 있는 곳이 아니었다. 대기가 최소 6개월. 그 이상일 수도 있다고 했다. 그러던 중 S농아학교의 한 선생님과 상담 예약을 잡을 수 있었다. 산 중턱에 자리한 그 학교까지 찾아가는 낯선 길은 앞으로 내가 걸어가야 할 인생길처럼 낯설고 사벽처럼 가마득히 높게 느껴졌다. 수업이 끝난 빈 교실에 선생님과 둘이 마주 앉아 아이의 상황을 설명하다 나는 그만 눈물을 터트리고 말았다. 말을 잇지 못하고 북받쳐 우는 나를 조용히 기다려주신 선생님은 "어머니 탓이 아니에요. 스스로를 자책하지는 마세요."라는 따뜻하고 차분한 위로를 주셨다. 어디서부터 무얼 어떻게 해야 할지 모르겠다는 내게 대략 한국농아학교들의 현황, 그리고 찾아간 그 학교의 교육 내용과 대상에 대해 말씀해 주셨는데 예상대로 그 학교도 영유아를 위해 특화된 교육시설은 아니었다. 사실 막연히 예상하고도 벼랑에서 풀뿌리라도 잡고 싶은 심정으로 찾아간 터였다. 그러나 그날 방문은 성과가 있었다. 선생님의 위로였다. 나를 자책하지 말자. 그리고 엄마가 굳건히 일어서야 아이가 이 어려움을 헤쳐나갈 수 있다. 내가 아이의 든든한 지지대가 되어야 한다. 그 중요한 사실을 나에게 장착하는 계기가 되었다. 훗날 어린이박물관을 주제로 박사논문을 쓸 때 주요한 관점이 되기도 했다.

시작도 전에 이미 심신이 지친 나에게 남편은 시댁이 있는 뉴욕을 잠시 다녀오면 어떻겠냐는 제안을 했다. 그렇게 아이와 둘이 뉴욕행 비행기에 올랐다. 길게 봐도 2주 정도였으니 우리의 트렁크는 여름옷 몇가지 정도로 가벼웠다. 환경이 바뀌니 그것도 뉴욕이니 기분은 한결 좋아졌다. 뮤지엄도 가고, 맛집도 가고, 지인들도 만났다. 그러던 중 오래전 국제결혼을 해 뉴욕에 사는 막내 고모가 나의 이야기를 듣고 소셜워커를 만나보라고 제안했다. 큰 기대 없이 만난 소셜워커는 의사소통도 완벽하지 않은 나를 따뜻하게 맞아주었고, 너무나 진심으로 상담을 해주시며 몇 곳의 학교와 의사와 전문가를 소개해 주셨다. 2주 후에 돌아갈 거라 생각한 나로서는 그게 약간 부담이었다. 그러나 돌아가도 방법이 없다는 걸 알기에 맨하튼도 아닌 뉴욕 업스테이트의 낯선 동네까지 차도 없이 대중교통을 타고 탐험하듯 그 모든 곳을 방문하고 전문가들을 만나기 시작했다. 세상은 보이지 않는 선으로 연결되어 있는 게 분명하다. 그 고단하고 무모한 듯한 시간이 결코 무의미한 게 아니라 작지만 계속 새로운 가능성을 놀랍게도 연결시켜 주고 있었다. 마치 영화 '쇼생크 탈출'에서 억울하게 감옥에 갇힌 주인공이 작은 도구로 매일 조금씩 조금씩 벽을 파내어 결국 교도소를 탈출할 통로를 만들었던 것처럼 말이다. 궁극에 돌아 돌아 맨하튼에 소재한 3-6세 청력손실 어린이만을 위한 특수 유치원을 알게 된 거다. 딱 지금 내 아이가 필요한 교육기관이었다. 다만 영어로 교육이 되니 아이는 한국말이 아닌 영어를 배우게 되는 거다. 그 사실이 잠시 나를 주저하게 했지만, 수화기 너머로 남편이 그 고민을 일축했다. 우리가 지금 영어든 불어든 독어든 가릴 때가 아니라고 무슨 말이든지 가르쳐야 한다고! 아! 그렇다. 더 늦기 전에 말을 가르쳐야 한다. 아이는 이미 네 살로 진입하고 있었고 그 특수학교의 입학은 준비해야 하는 서류가 간단하지 않았으므로 결심하고 본격적으로 준비를 시작하고서도 거의 반년이 지나서야 등록을 할 수 있었다. 나는 낯선 나라에서 혼자 교육부, 보건부 그리고 발달소아과, 이비인후과 의사를 찾아다니며 상담하고 이벨류에이션을 받고 서류를 쓰고 반려된 서류를 보완하기를 반복하며 그 학교의 입학허가를 받기 위한 지난한 시간을 준비해야 했다. 그 과정은 나와의 사투이기도 했다. 한국처럼 예약이 바로바로 잡히지도 않고, 최소 몇 주에서 몇 달이 기본인 이 도시의 느릿한 시스템에 도무지 적응되지 않는 내 속도를 잠재워야 했고, 더불어 몸의 힘겨움은 차치하고 외로움과 여전히 미래의 불확신에서 오는 이런저런 고민으로 매일 밤 베개를 적시며 불면의 밤을 보내기 일쑤였다. 드디어 성탄 연휴를 앞둔 겨울이 되어서야 기다리던 공식 입학허가를 받고 아이가 특수학교를 다닐 수 있게 되었다. 기쁨도 잠시 해가 바뀌어 신년이 되고 등교가 시작되자 내 삶은 다시 다른 방식으로 분주해졌다. 7시 스쿨버스를 타기 위해 나는 6시에 기상해 점심 도시락을 싸고 아이를 깨워 등교 준비를 시켜야 했고, 2시쯤 하교하는 시간에 맞춰 아이를 픽업하고 이후 아이와 놀아주다 저녁을 먹이고 씻기고 또 다음날 등교를 위해 아이를 재우고 나 역시 일찍 잠자리에 들어야 했다. 다람

쥐 쳇바퀴 돌듯 그 생활이 매일 반복되었다. 입학만 할 수 있기를 하고 바라던 때와 달리 이 궤도 속에서 나는 서서히 지치고 자존감은 무너지고 있었다. 그러던 어느 날 관공서에 들러야 하는 일이 있었다. 하교한 아이를 임시로 봐주기로 한 분께 오후를 맡기고 아침 일찍 집을 나섰다. 그런데 예상보다 일이 빨리 끝났다. 마침, 그날은 브로드웨이에 낮 공연이 있는 수요일이었고 내게 주어진 잠깐의 낮 자유시간을 놓치고 싶지 않았다. 총총걸음으로 브로드웨이를 가는 내 발걸음은 오랜만에 들떠있었다. 아쉽게도 '락 오브 에이지Rock of age'는 공연이 없었다. '오페라의 유령Phentom of the opera'은 제일 비싼 티켓만 남아 있었으므로 패스... 이미 몇 번씩 본 공연인데도 무슨 공연이라도 이날은 꼭 보고 싶었다. 티켓박스 앞에서 이렇게 서성이다가 '포에버 탱고Foever Tango'라는 새로운 공연을 발견했다. 그냥 티켓팅을 했다. 작은 공연장임에도 평일 낮이어선지 관객은 차지 않고 훌빈했다. 이윽고 공연이 시작되고 몇 커플이 탱고 군무를 하고 할아버지 악단이 라이브로 연주했다. 공연이 막

바지에 이르자 중년의 가수가 노래를 부르며 탱고 댄서들이 군무를 하는데 눈물이 왈칵 쏟아진다. 가사도 모르는 그 곡이 나중에 알게 된 그 곡은 이태리 가수 지미 폰타나가 1965년 발표한 Il Mondo 였다. 너무 아름답고 그들의 몸짓이 너무 아름다운 거다. 그때 문득 탱고는 내 나이가 마흔쯤 되면 해보리라 막연히 생각했던 춤이었다는, 까마득히 잊고 있던 기억이 소환됐다. 아...... 나는 탱고를 만나려고 이 외롭고 지난한 시간을 보냈던 걸까.

'포에버 탱고'를 보면서 뭔가 내 안에 꿈틀거림이 있었다. 그간 잊고 있던 '마흔쯤엔 탱고를 해야지'라는 오래전 기억이 점점 더 선명하게 나에게 다가왔다. 그래, 어느덧 내가 그 마흔이 되어있구나. 그런데 왜 탱고? 라고 묻는다면 이유는 모르겠다. 그건 그냥 우리가 소울메이트를 만났을 때 설명할 수 없는 '끌림' 같은 것일지도. 하여튼 시절 인연처럼 이제 나와 탱고가 만나야 할 때가 되었나보다 정도밖에는 설명이 안 된다. 나는 브로드웨이 42번가의 어느 작은 극장 앞에 한동안 멍하니 서 있었다. 어쩌다 이곳까지.... 지난 수개월의 시간이 주마등처럼 지나간다.

No, stanotte amore non ho più pensato a te

아니오 내 사랑, 오늘 밤은 당신을 생각하지 않았어요

Ho aperto gli occhi per guardare intorno a me

눈을 뜨고 주변을 둘러봤어요

E intorno a me girava il mondo come sempre

제 주변의 세상은 변함없이 돌고 있어요

Gira il mondo gira nello spazio senza fine

끝없는 우주에서 이 세상은 돌고 있어요

Con gli amori appena nati

막 피어난 사랑들과

Con gli amori già finiti

막 져버린 사랑들과

Con la gioia e col dolore della gente come me

기쁨과 고통을 느끼는 나 같은 사람들과 함께

-지미 폰타나 Il Mondo 중-

Chapter 2

인생은 비를 피하는 법이 아닌
빗속에서 춤추는 법을 배우는 것

그즈음 LA에서 지내는 후배가 뉴욕을 방문했다. 오랜만의 해후였다. 아이를 데리고 코리안타운에서 함께 저녁을 먹는데 어쩌다 화제가 그녀도 나도 소싯적 취미였던 댄스로 옮겨갔다. 그녀가 뉴욕 온 김에 탱고 원데이 클래스를 들어볼까 하는데 내게 같이 하겠냐고 묻는다. 뉴욕에서 탱고? 생각지도 못했지만, 뉴욕에서 탱고라니 너무 멋지다!! 앞뒤 재지 않고 가보자고 했다. 현실은 아이를 보느라 혼자 외출이 진짜 쉽지 않았다. 그런데 너무 지친 몸과 마음은 잠깐의 탈출구가 절실히 필요했다. 머리가 알지 못하는 것을 가슴은 안다고 머리가 가능성의 상황을 타진하기도 전에 이미 내 가슴은 탱고를 갈구하고 있었다. 탱고를 배워야 하는 마흔이 되었다. 마흔이 되었으니 탱고를 배워야 한다. 어느 쪽이든 좋다. 내가 이런 생각을 했었던 걸 기억해 냈으니. 탱고를 배우자. 그러면 이 무료함이, 이 외로움이 좀 덜어질 것 같다. 이런 근거 없는 확신이 점점 더 근거 있을 것 같은 확신이 되었다.

나중에 안 사실이지만 탱고는 디아스포라^{Diaspora}[1]의 산물이다. 19세기 아르헨티나가 세계 5대 경제 부국이던 시절 많은 노동력이 필요했다. 이때 유럽에서 부에노스아이레스로 몰려온 가난한 이민 노동자들이 라 보카^{La Boca}[2] 항 주변에 모여 살며 고단한 노동과 고향의 향수를 달래기 위해 추기 시작한 것이 탱고의 기원이라고 한다. 그렇게 시작한 춤이 오늘날에는 아르헨티나를 대표하는 상징이자 전 세계인이 즐기는 소셜 댄스가 되었으며, 심지어 유네스코 세계 무형유산으로도 지정돼 인류가 지키고 계승해야 하는 인류 문화유산의 지위를 받았다. '그 시작은 초라

---

1) 디아스포라는 특정 민족이 자의적이나 타의적으로 기존에 살던 땅을 떠나 다른 지역으로 이동하여 집단을 형성하는 것, 또는 그러한 집단을 일컫는 말이다.
2) 아르헨티나의 수도 부에노스아이레스에 있는 항구. 탱고의 발상지.

하였으나 끝은 심히 창대하리니'라는 성경의 구절이 떠오른다. 나의 상황을 디아스포라라고 하기엔 좀 심하게 거창하지만, 탱고를 시작해야겠다 결심한 때의 나 역시도 어쩌면 정서적으로 통하는 감성이 있었던 것 같다. 타국에서 혼자 특수 육아를 하면서 느끼는 외로움과 향수를 달래줄 대상이 절실히 필요했던 시기였으므로. 댄스라는 취미는 간혹 사람들의 시선에서 왜곡되어 비치기도 한다. 나보다 오래 탱고를 취미로 가진 선배가 조언처럼 그랬다. "굳이 주변에 취미가 탱고라고 알려지는 마. 경험상 상대는 바로 색안경을 끼고 너를 평가할 수 있어." 그게 살사나 탱고가 아닌 발레나 고전무용이라면 좀 다를 것이다. 같은 춤인데 댄스가 아니라 무용이 되면 무언가 고상하고 우아한 어감을 주긴 한다. 초록 창에 '댄스와 무용의 차이'라는 검색어를 넣어봤다. 딱 맘에 드는 답은 없지만 키워드에 걸린 여러 글 중에 실제 한국에서는 클래식하고 예술적인 춤을 한정해 무용이라고 부르며 우리나라에만 있는 분류법이라는 설명을 찾아볼 수 있었다. 춤Dance의 사전적 정의는 '음악에 맞춰 몸을 움직이는 것'이다. 춤은 추는 인원과 목적에 따라 여러 종류로 구분된다. 혼자 추는지, 파트너와 둘이 추는지, 단체로 추는지 그리고 의식을 위한 춤인지, 공연을 위한 춤인지, 사교를 위한 춤인지 그리고 배경이 되는 음악의 종류에 따라서도 구분되고 춤이 기원한 시대에 따라서도 구분되며 정형을 가진 춤인지 자유로운 형식인지에 따라서도 분류될 수 있다. 이런 다양하고 복잡다단한 춤의 세계에서 변함없는 중요한 사실은 그것이 인간의 가장 원초적인 몸짓이자 아름다운 의사 표현법이자 감정의 표출법이라는 사실이다. 그러니 인간의 역사에서 춤은 빠질 수 없었을 것이다. 거의 모든 민족이 그들의 민속춤을 가지고 있는 것만 봐도 알 수 있다. 궁극에 나를 위한 춤이고 내가 누군가의 시선이나 평가를 의식하며 취미를 선택하거나 눈치를 볼 필요는 없다는 당연한 결론이 되돌아온다. 오히려 춤을 추는 사람은 더 열정적이고 건강하다. 살면서 '나는 누구인가. 인생을 어떻게 살 것인가.' 가끔^{아니 자주} 이런 질문을 던지곤 하는데 마흔 즈음까지 짧다면 짧고 길다면 긴 인생을 돌아보니, 비비안 그린Vivian Greene의 말대로 '인생은 비를 피하는 게 아니라 빗속에서 춤추는 법을 배우는 것Life is not about waiting for the storms to pass. It's about learning how to dance in the rain 이었다.

우리가 인생사에서 마주하는 다양한 장애물 또는 슬픔을 어떻게 뛰어넘고 극복할 것인가를 지혜롭게 터득해야 한다. 그것이 너무 필요하지 싶다.

그 '빗속에서의 춤'은 사람에 따라 다양할 수 있겠으나 묘하게 나에게는 말 그대로 춤, '탱고'가 삶을 지탱하는 '빗속의 춤'이라는 태도에 대한 강력한 동력이 되어 주었다. 여기서 또 하나 재미있는 사실은 탱고는 룰이나 정형이 없다. 발레, 고전무용 같은 정형의 춤은 루틴 안에서 완벽한 표현을 추구해야 하지만, 이 소셜 댄스는 춤을 출 때마다 파트너와 내가 기분과 음악에 따라 무궁무진하게 다른 그리고 매번 새로운 춤을 생산해 낸다. 심지어 완벽하지 않아도 되니 얼마나 매력 있나. 탱고를 추는 방식은 딱 '빗속에서 춤을 추는 것'이라고 표현되는 삶의 유연한 자세와도 연결된다. '빗속의 춤'이 함의하는 의미 자체가 정형을 탈피하거나 새로운 관점과 시선을 가지라는 것 아닌가 말이다. 그리고 닥쳐온 시련을 회피하지 말고, 정면으로 마주치라는 태도를 강조하는 것이지 않나. 그렇다면 이건 딱 탱고인 거다.

인생은 비를 피하는 게 아니라 빗속에서 춤추는 법을 배우는 것 Life is not about waiting for the storms to pass. It's about learning how to dance in the rain

– 비비안 그린–

Chapter 3

스텝이 꼬이면
그게 탱고에요

탱고하면 영화 '여인의 향기'를 떠올리는 사람이 많을 것이다. Por una Cabeza[3]에 맞춰 프랭크^{알 파치노}와 도나^{가브리엘 엔워}가 탱고를 추는 아름다운 장면 그리고 "스텝이 꼬이면 그게 탱고죠"라는 명대사와 함께 말이다. 인생길을 생각해 보라. 항상 꽃길이나 고속도로가 우리 앞에 펼쳐져 있지 않다. 어찌 그리 구불구불 산길을 가듯 허들 경기를 하듯 지난히 견디고 넘어야 하는 것이 많은지. 심지어 그 과정에서 이 길이 아닌가벼! 하는 한탄이 드는 순간도 있다. 그야말로 스텝이 꼬이는 순간 멘탈도 꼬이고 만다. 그런데 '스텝이 꼬이면 그게 탱고에요'라니! 이보다 더 큰 공감과 위로가 어디 있나. 지금 이 글을 쓰는 나는 어

---

3) 제목은 번역하면 '간발의 차이로' 라는 뜻이다. 1935년 아르헨티나 작곡가 카를로스 가르델이 만든 곡이다.

제 승진 심사 결과를 받고 소위 심사가 꼬여있는 상태다. 이런 순간도 오직 탱고가 유일한 위로가 돼 주고 있다. 내가 좋아하고 닮고 싶은 3대 여성 탱고 댄서가 있다. 이름도 닮았다. 후아나, 로레나, 실바나 그녀들 중 실바나 커플이 내한해서 오늘 저녁 공연을 한다. 그 공연을 볼 생각에 설레고 있다. 우울한 중에 위로가 되는 이벤트가 아닐 수 없다. 영화에서 다시 뉴욕으로 돌아와, 그 뉴욕에서 탱고 원데이 클래스는 어마한 경험이었다. 다시 생각해도 탱고뿐 아니라 인생을 통틀어 가장 멋진 수업이었다. 그래서 나에게 탱고는 아르헨티나보다 뉴욕이 더 고향 같다. 수업은 대략 이랬다. 일단 맨하튼의 댄스 스튜디오에 열댓 명의 탱고를 경험해 보겠다는 뉴요커들이 모였다. 오래전 스포츠댄스를 배운 기억을 소환해 아마도 강사 뒤에 쪼르르 서서 설명해 준 기본 스텝과 박자를 따라 하는 방식일 거라고 생각했는데, 나의 예측은 완전히 빗나갔다. 남미에서 온 젊은 탱고 강사는 뉴욕에서 수업하면서도 영어를 못했다. 그래서 학생 중 한 명이 실시간 스페인어를 영어로 통역해 주었다. 강사의 첫 미션은 "걸어보세요Just Walk"였다. 학생들은 잠시 우왕좌왕하며 머뭇거리다 각자 걷기 시작했다. 잠시 후 그는 우리에게 "이번에는 걸으면서 서로 마주치세요"라는 미션을 주었다. 모두 처음 보는 낯선 사람들이니 영 어색했다. 뉴요커도 아닌 이방인인 나는 더 어색했다. 그러나 우리는 강사의 지시에 따라 걷다가 마주치기를 반복했다. 얼마간의 마주치기가 진행되자 새로운 미션이 추가되었다.

"이제는 마주칠 때 어떤 장면을 상상하면서 표정을 지으세요. 어떤 것도 좋아요. 그걸 상대와 교감하세요"

'히야. 이건 또 무엇인가. 연극 오디션에 온 것도 아니고. 이 어색함을 어쩌란 말인가'라고 속으로 생각하며 걷는 사이 나는 훅 들어온 강사와 마주쳤다. 그도 우리와 함께 걷고 있었나 보다. 그리고 그가 나를 보며 무언의 표정을 짓는데 순간 얼음이 되어 그 눈 속으로 빨려 들어갈 것 같았다. 사람의 눈빛에서 에너지가 나온다는 걸 그때 처음 알았다. 이 표정은 또 무엇인가! 그의 표정은 나를 다시 상상하게 했다. 마치 백조가 된 왕자가 오데뜨 공주에게 자신을 알리는 슬픈 눈빛 같았다. 짧은 순간의 경험 후 나도 다른 학생과 마주치면 나름의 컨셉을 부여하며 최선을 다해 표정을 짓고자 했다. 이 어마한 경험은 지금도 탱고를 출 때 눈을 감고 잠깐의 딴따를 멋지게 상상하게 한다. 나중에야 알았지만, 이것은 춤을 청하는 까베세오를 표현한 거였다. 수강생의 움직임으로 부산하던 스튜디오에 어느 순간 아름다운 탱고 음악이 흘러나왔다. 강사가 음악을 튼 것이다. 그리고 그가 말했다.

"지금까지 했던 것을 이제부터는 음악을 들으면서 반복해 보세요."

게임에서 한판을 깨고 난이도가 높아진 다음 단계로 간 기분이랄까. 어쨌든 우리는 다시 음악을 들으며 걷고 마주치고 표정 짓기를 되풀이했다. 얼마간의 시간이 지났을까. 강사는 우리를 모이라고 하더니 말한다.

"모두 잘했어요. 지금 여러분이 한 것이 바로 탱고에요. 이게 다에요."

"이게 다라고? 이게 탱고라고?"

"……"

집에 돌아와 밤늦게까지 그 수업의 여운에 가슴이

설레었을 정도다.[4] 사실 그 순간이 영원히 박제되어 수년이 지난 지금도 그 감동이 가슴에 담겨 있다. 그리고 가끔 혼자 되뇌곤 한다. '그래 탱고가 그런 거지.'

나는 탱고를 그렇게 만났다. 단 한 번의 강렬한 수업이었다. 피천득 시인의 에세이 '인연'에서 아사코와 주인공의 첫 만남처럼. 톨스토이의 소설 '안나 까레리나'에서 안나와 브론스키의 첫 만남처럼.

강렬했지만 탱고는 아사코처럼 처음 만나고 다시 만나지 못한 인연이었다. 여러 상황으로 나는 내 탱고의 고향 뉴욕을 떠나 완전히 귀국하게 됐다. 그리고 한국에 돌아와 다시 바쁜 일상에 매몰돼 지내던 날이 이어졌다. 그러다 아마도 야근하던 날로 기억되는데 메일함에서 탱고 동호회의 신입 모집 광고가 눈에 들어왔다. 그 순간, 처음 경험했던 탱고 클래스의 여운이 소환되며 제대로 탱고를 배워야겠다는 뭔가 결연함이 내 안에서 솟구치는 거다. 당장 가입 버

---

4) 사실 그 순간이 영원히 박제되어 수년이 지난 지금도 그 감동이 가슴에 담겨 있다. 그리고 가끔 혼자 되뇌이곤 한다. '그래 탱고가 그런 거지.'

튼을 눌렀다. 문제는 기다리던 첫 수업이 시작됐는데 전시 오픈이 임박해 줄야근을 하던 때라 도무지 잠깐도 짬을 낼 수가 없었다. 그렇게 3주나 결석을 하다 보니 이번 기회는 포기해야 하나 싶었다. 동호회다 보니 뒤처진 진도보다 이미 오랜 부재로 커뮤니티 일원으로 소속감을 가질 수 없을 거라는 생각 때문이었다. 그런데 탱고는 나를 애타게 기다리고 있었던 걸까. 그즈음 지인의 전시회에 초대받았는데 갤러리 제일 마지막에 걸려있는 작품이 '탱고'였다. 공교롭게도 또 다른 지인의 바이올린 독주회에서 앵콜곡이 '리베로 탱고'다. 무언가 찡했다. 같은 날 두 번이나 탱고라니. 포기하면 안 된다는 내 안의 목소리가 들리는 듯했다. 공연이 끝나자마자 나는 용기를 내어 홍대로 달려갔다. 이미 강습도 끝났고 포트럭 파티를 하고 있던 커뮤니티의 동기들은 나의 우려와 달리 처음 나타난 낯선 이를 따뜻하게 환영해 주었다.[5] 이렇

---

5) 그때 나에게 탱고걷기를 가르쳐주겠다고 나섰던 친구 선진호는 몇 년후 밀롱가 Adante를 오픈했다. 현재 안단테는 서울을 대표하는 아름답고 핫한 밀롱가로 성업중이다.

게 나와 탱고는 운명처럼 다시 만났다.

그리고 이어지는 본격적인 탱고 습득기는 인간으로서 나의 성장 과정과도 같았다. 하면 할수록 탱고는 그리 만만한 춤이 아니었다. 오래전 배웠던 살사나 스윙과 비교하면 이건 거의 무예를 익히는 듯했다. 소셜 댄스임에도 후딱 배우고 익혀서 할 수 있는 춤이 아니었다. 장을 담갔다고 바로 깊은 맛을 내는 간장이 툭 나오지 않는 것처럼. 최소 3-5년은 익혀야 밀롱가에서 좀 출 수 있을 거라고 했다. 늘 바쁨에 쫓겨 멀티태스킹과 패스트트랙이 몸에 밴 나에게 미세한 리딩을 팔로우하는 것, 멈추거나 기다리는 것, 지긋이 반복하는 행위 자체가 여간 어려운 일이 아니었다. 그러니 탱고 배우기에는 겸손과 인내가 덤으로 따라다녀야 했다. 탱고를 추던 상대가 미흡한 내 팔로잉에 짜증을 내며 자리로 돌아가 버리는 무지막지한 일도 경험했다. 그럼에도 탱고를 하러 가는 길은 마치 연인을 만나러 가는 것처럼 늘 설레었고 늘 탱고가 그립고 고팠다. 더디지만 나의 탱고가 성장하는 게 뿌듯하기도 했다. 그리고 초급 땅게라에서 벗어나면서 탱고는 나 자신을 근본부터 돌아보게 했다. 조급한 생활, 팔자걸음, 구부정한 자세, 심지어 삐딱한 마음까지....살면서 탑재해야 하는 우선순위의 것들은 사실 대단한 기술과 전문적 지식이 아니다. 기본적 소양과 매너, 배려와 인내, 바른 몸가짐이다. 이걸 왜 몰랐겠냐마는 탱고를 하면서야 비로소 깨닫고 내면화하게 되었다. 참으로 탱고가 나란 사람을 제대로 개조했다. 탱고를 통해 다시 태어난 거다. 수영이나 헬스, 요가를 하는 사람들이 정기적으로 체육관을 다니듯 탱고인들도 적어도 주중에 몇 일은 정해진 요일에 밀롱가를 간다. 주 8일 탱고를 한다는 이도 있다. 일주일은 7일인데 어떻게 8일이 돼요?라고 생각할 것이다. 주말에는 낮에 열리는 밀롱가도 있으니, 낮과 밤 두 번을 간다는 이야기다. 탱고의 매력에 빠지면 충분히 가능하고 공감되는 일이다. 여건만 되면 모두가 그러고 싶다고 생각할 것이다. 나 역시 일상의 바쁨 중에도 시간을 쪼개고 쪼개 주 1-2회는 밀롱가를 가려고 노력한다. 개인 사정으로 밀롱가를 못 가면 탱고 음악을 들으며 동네 걷기라도 하면서 아쉬움을 해소하는데 우리 동네 명소인 피천득 산책로에는 수필 '인연'의 문구가 바닥에 조명으로 비치고 있다.

...그리워하는데도 한 번 만나고는 못 만나기도 하고 일생을 못 잊으면서도 아니 만나고 살기도 한다.
아사코와 나는 세 번 만났다.
세 번째는 아니 만났어야 좋았을 것이다...

살포시 나와 탱고를 대입해 본다. 나와 탱고는 세 번 만난 셈이다. 그리워하는 데도 한 번 만나고는 못 만난 것이 아니라는 사실이, 아니 만났으면 일생을 못 잊으며 살 뻔한 사실이, 그리고 '세 번째는 아니 만났어야 했다'가 아니라는 사실이 얼마나 다행인지. 이어폰에서 흘러나오는 탱고 음악을 들으며 이런 생각을 수도 없이 하곤 했다. 스텝이 자주 꼬여 당황하고 방황하는 내 인생에 반려 취미탱고가 있어 줘서 너무 고맙다.

Chapter 4

아브라소,
하나의 심장 네 개의 다리

탱고는 겉으로 보기에 그 어떤 장르의 춤보다 에로 틱하게 보인다. 남녀가 온몸을 밀착해서 추기도 하고 미디어를 통해 표출된 탱고의 이미지가 어쩐 일인지 그쪽으로 과장된 탓도 있을 것이다. 그러나 하면 할 수록 느끼는 탱고라는 무예는 자재와 매너와 배려를 가르치는 너무나 담백하고 인간애에 충실한 춤이다. 가슴을 맞닿는 탱고의 '아브라소' 춤추는 두 사람이 서로 포 옹하듯 안는 홀딩 자세 는 인간 대 인간으로 사람이 만나고 교감하는 원초적 자세이고 '피구라'라고 부르는 춤 의 동작은 리딩과 팔로잉 사이에 흐르는 섬세한 감 정의 교류다. 심지어 남성이 리딩을 하고 여성이 팔 로잉하는 춤의 구조 때문에 보편적으로 그러나 요즘은 여 성 리더도 가끔 볼 수 있다. 보수적이라고 느껴지기까지 한 다. 그런데 한편으로는 정해진 패턴이 있지 않기 때문에 재즈처럼 자유로운 춤이기도 하다. 탱고를 추는 그날의 컨디션, 내가 만난 상대와 그 순간의 음악에 따라 완전히 다른 감성과 감동이 만들어진다. 물론 폭망하기도 한다. 이렇다 보니 탱고인들은 탱고를 두고 '15분간의 연애'라고 비유하기도 한다. 완벽한 합이 된 탱고에서 받는 희열을 꼬라손 Corason: 스페인어로 '심장'이란 뜻인데 탱고 용어로는 상대와의 교감의 절정으로 느끼는 희열을 의미한다. 이라고 하는데, 소위 이 꼬라손이 터지는 순간은 남녀의 사랑 행위의 절정에 비유되기도 한다. 아쉽게도 탱고를 출 때마다 꼬라손이 오지는 않는다. 귀한 경험이라는 거다. 그렇기에 탱고를 추는 사람들은 이 절정의 감동을 느끼기 위해 최선을 다한다. 실력의 연마는 기본이고 좋은 태도와 인상을 가지려고 한다. 음악에 최적화된 춤 상대도 까다롭게 고른다. 탱고 음악을 공부하는 사람들도 있다. 선수가 될 것도 아닌데 생업을 접고 아르헨티나로 탱고 여행이라 쓰고 유학을 가는 이들도 있고, 매년 열리는 탱고 경연에 출전하기 위해 전문 인스트럭터들에게 하드 트레이닝을 받기도 한다.

이렇게 우리를 사로잡은 탱고는 어떤 춤일까? 나의 지인들은 탱고와 플라멩고를 자주 헷갈려하신다. 하여 플라멩고 공연 소식을 전해주시거나 '나도 취미로 플라멩고를 배워볼까'라는 말씀을 하셔서 나를 종종 미소 짓게 한다. 완전히 다른 춤인데 얼핏 스치기에 라이브 연주곡에 붉은색 장미를 머리에 꽂고 현란한 발동작을 하는 여성 댄서의 이미지가 비슷하게 보일 수도 있겠다. 그리고 어디서 어떻게 탱고를 추는지 너무 궁금해하는 분들도 많다. 그런 분들을 위해 지면을 빌어 탱고를 간단히 소개할까 한다. 당장 시작하지 않더라도 알아두면 좋을 교양 상식도 될 것이다. 뭐든 배우고 안다는 것은 인생을 풍요롭게 한다. 탱고는 스포츠댄스의 한 종목으로서 탱고와 아르헨티나 탱고 두 가지가 있다. 이들은 완전히 다른 성격의 춤이다. 전자가 보여주는 공연 성격을 갖는다면 후자는 소셜 댄스다. 내가 취미로 하는 탱고는 후자인 아르헨티나 탱고다. 스포츠댄스의 탱고도 배운 바는 있다. '두 교황'이라는 영화를 보면 선종하신 프란치스코 교황님께서 최초의 아르헨티나 출신 교황이셨다. 젊은 시절 사제가 될까, 연인과 탱고 추며 사는 평범한 삶을 살까, 인간적 번민을 하는 장면이 나온다. 운명처럼 사제의 길을 선택한 프란치스코 교황은 돌아가실 때까지 인류 평화를 위해 헌신하신 종교를 떠나 모두에게 존경받는 지도자셨다. 그 희생과 용기에 많은 이들이 감동받았지만, 영화를 보면서 나는 곱절의 감동을 받았다. 사제가 되기 위해 무려 '연인과 탱고'를 포기하셨다는 놀라운 사실을 알았기 때문이다. 이보다 더 큰 희생이 어디 있겠나! 이런 아르헨티나 국민 춤인 탱고의 기원은 앞서 이야기했듯 유럽에서 남미로 이주한 노동자들이 향수와 외로움을 달래기 위한 것이었다. 내 탱고의 고향이 뉴욕이라면 탱고의 고향은 아르헨티나의 라 보카 항구인 셈이다. 그러니 상류층의 고급문화는 아니었다. 또한 초기 댄스는 남녀가 아닌 남남 댄스였다. 이것이 유럽으로 건너가 새롭게 포메이션되고 또 세계화되어 오늘날의 모습을 갖게 되었다. 포르투칼 리스본에는 100년 된 유럽 최초의 밀롱가가 아직도 있다. 탱고를 완성하는 주요 3요소는 장소밀롱가, 음악탱고악단이 연주하는, 댄서땅게로스; 탱고추는 남성을 땅게로, 여성을 땅게라고 부른다. 다.

첫 번째 장소. 탱고는 어디서 출까? 탱고 추는 곳을 '밀롱가'라고 부른다. 탱고만을 위한 전용 공간이 있기도 하지만, 레스토랑이나 클럽, 강당 같은 곳을 임시로 사용하기도 한다. 날씨가 좋은 계절에는 한시적으로 공원에서 밀롱가가 열리기도 한다. 전 세계 웬만한 도시에는 밀롱가가 있다. 표준화된 춤이라 어느 나라를 가도 같은 음악에 누구와도 출 수 있다. 나도 제법 많은 나라를 여행했는데 아랍권을 빼고는 모든 도시에 밀롱가가 있었다. 다만 항시 열리지 않기 때문에 그 도시에서 밀롱가를 가려면 날짜를 잘 맞춰야 한다. 탱고 인구가 많지 않은 도시의 경우 한 달에 한 번 또는 이주일에 한 번 이런 식이다. 그러면 인근 도시에서도 탱고인들이 밀롱가로 모인다. 마치 향우회를 하는 분위기로. 그런데 서울은 임시 공간이 아닌 탱고 전용 밀롱가만도 열 곳은 된다. 그러니 매일 밤 밀롱가가 있다. 심지어 한 곳이 아닌 여러 곳에서 동시에 열린다. 하여 탱고인들은 서울을 '아시아의 부에노스 아이레스'라고 부른다. 탱고 여행을 위해 한국으로 오는 외국 친구들도 제법 많다. 밀롱가가 주로 홍대 근처에 몰려있어 젊은이들에게도 핫한 홍대입구는 소위 탱고 성지기도 하다. 내가 마포구청장이라면 홍대입구를 '탱고특구'로 지정할 것이다.

두 번째 음악. 탱고 전용 음악이 있다. 또 밀롱가가 열리면 항상 탱고DJ가 라이브로 음악을 튼다. 그래서 밀롱가를 선택할 때 그날의 DJ도 장소만큼이나 중요하다. 물론 선택지가 많은 서울이나 파리, 뉴욕 정도의 경우일 수도 있다. 한 달에 한 번 밀롱가가 열리는 도시에서 DJ를 골라갈 수는 없겠지만 밀롱가의 오거나이저는 음악 선곡이 중요하니 이 부분을 심사숙고할 것이다. 이쯤 되면 클래식 공연에 단골 메뉴로 나오는 피아졸라의 '리베로탱고'를 떠올리는 분들도 많을 것이다. 이 곡은 춤추는 음악에서 감상하는 음악으로 탱고 음악의 대중화에 기여한 곡으로 평가되지만, 춤곡이 아니다 보니 밀롱가에서는 거의 나오지 않는다. 밀롱가에서는 주로 탱고의 황금기였던 1930년~1950년대 연주된 탱고 음악에 춤을 춘다. 현대 악단이나 AM이라 부르는 현대 팝음악을 더러 사용하기

^{도 한다.} 전설의 탱고 4대 악단이 있는데 다리엔소, 뜨로일로, 디살리, 뿌글리에세다. 이들이 지금도 여전히 땅게로스들의 사랑받는 탱고 춤곡들을 연주했다. 가요, K-pop을 생각해 보라. 명곡은 시간이 흘러도 좋다. 리메이크곡이 오리지널의 아우라를 넘지 못한다. 그러니 이들보다 수십 년은 더 된 음악이 현대에 여전히 사랑받고 춤곡으로 쓰인다는 사실은 생각할수록 멋지고 대단하다. 사실 탱고 음악은 춤 없이 감상만 해도 좋고 이 분야만도 책 한 권이 나올 만큼 넓고 깊은 전문 분야다. 밀롱가에서 탱고 음악은 4곡이 연이어 나오고 이를 '한 딴다'라고 부른다. 한 딴다가 끝나면 잠깐 '꼬르띠나'라고 부르는 휴식타임 음악이 나오고 다시 새로운 딴다가 시작된다. 그래서 땅게로스들은 이 꼬르띠나 때 다음 춤을 위한 파트너를 찾는다. 이는 세 번째 댄서-땅게로스와 연결되는 부분이기도 하다.

탱고 추는 사람을 땅게로스라고 한다. 땅게라와 땅게로를 합친 단어다. 그럼 누구와 춤을 추는가? 어떻게 파트너를 찾는가? 알다시피 탱고는 리더 ^{통상적으로}

남성댄서, 땅게로 **와 팔로워** 통상적으로 여성댄서, 땅게라 **가** 함께하는 커플댄스다. 공연자들처럼 정해진 파트너를 두고 하기도 하지만 기본적으로 소셜댄스이므로 밀롱가에 모인 불특정 파트너와 춤을 춘다. 딴따가 끝나고 꼬르띠나 타임은 바로 다음 딴따를 위한 파트너를 찾는 시간이다. 춤 파트너는 '까베세오'라고 부르는 눈맞춤을 통해 서로의 의사를 확인한다. 고전 영화에서 나오는 무도회장처럼 신사가 숙녀에게 다가가 손을 내밀고 춤을 청하는 방식이 아니다. 탱고에서 이러한 손까베세오는 무례한 행동으로 간주된다. 물론 친한 사이에서는 용인된다. 왜 그럴까? 앞서 탱고를 '15분간의 연애' 같다고도 표현했는데 4곡으로 구성된 한 딴따는 짧다면 짧지만 맞지 않는 파트너와 추기에는 너무 길다. 심지어 '아브라소'를 해야 하므로 극도의 감정과 교감을 끌어올리려면 마치 배우자를 고르듯 15분간 최적의 상대를 찾아야 한다. 그러므로 일방의 요구에 의해 플로어에 끌려 나가는 상황을 만들지 않기 위한 지혜로운 선택인 거다. 그래서 탱고를 습득하는 레벨업 과정에서 가장 최상 레벨이 까베세오라고 말할 정도다. 많은 탱고인이 까베세오가 가장 어렵다고들 한다. 지금 나오는 음악에 최상의 댄스 파트너를 찾고, 선택은 본인만 하는 것이 아닌 상대에게 받기도 해야 하므로 한 딴따가 완성되는 것은 실로 대단한 우연과 노력의 완성이다. 이렇듯 탱고를 제대로 배우기 시작하면서 속속들이 접하게 된 탱고의 세계는 그야말로 어마무시했다. 표면적으로 보이는 춤은 빙산의 일각이고 탱고에서부터 연결되고 확장된 경험들은 과장하면 역사와 문화와 철학을 관통한다. 실로 거대한 세계가 그 안에 잠재돼 있는 거다.

그렇다면 뉴욕에서의 첫 수업을 다시 소환하지 않을 수 없다. 정말 탱고는 음악 들으면서 걷고 누군가와 만나는 게 전부인가? 그렇긴 하다. 시간이 지날수록 이 수업이 더 감동으로 다가오는 건 그게 소셜댄스 탱고의 기본 골격이기 때문이다. 탱고 댄서들이 초급자건 상급자건 가장 중요하게 여기는 것이 '걷기'이다. 물론 일반 걷기와는 다른 탱고 걷기다. 이것을 몸에 배도록 하는 데만도 제법 오랜 시간과 많은 연습이 요구된다. 그리고 다음으로 중요한 것은 '아브라소'라고 부르는 안기이다. 상대를 만나는 것이다. 댄서들은 춤의 동작이 크게 보이도록 밀착 홀딩이 아닌 오픈 방식의 춤을 추기도 하지만 기본적으로 탱고는 뺨에서부터 가슴을 상대와 밀착하는 포옹 자세로 춘다. 그래서 탱고 추는 모습을 '하나의 심장 네 개의 다리'라고들 표현한다. 실제로 상대와 이런 딥 홀딩을 하고 춤을 출 때 심장 뛰는 소리까지 들린다. 어마하지 않나? 가족이라고 해도 허그를 얼마나 하겠으며 심장 소리를 십여 분 간 지속해서 듣는 일은 거의 없을 것이다. 그러니 탱고의 시작 자세부터가 지독히 인간애를 끌어 올린다. 그러면서도 중요한 원칙은 각자의 축^{Axis 중심}을 잃지 않는 것이다. 서로 A자 형태로 홀딩을 하지만 상대에게 기대거나 당기지 않는다. 내 중심을 잡고 있어야 춤이 아름답고 다양한 동작을 안정적으로 할 수 있다. 또한 춤을 추는 구조가 리더^{통상 땅게로}의 리딩을 받아서 땅게라가 그것을 아름답게 표현하는 것이므로 두 사람 간의 긴밀한 몸의 대화 다시 말해 교감이 중요하다. 그리고 밀롱가에서는 많은 커플들이 동시에 춤을 춘다. 이 춤추는 대열을 '론다'라고 한다. 론다는 끊임없이 흘러가고 모든 사람이 함께 춤추는 큰 물결이다. 두 사람이 춤을 추지만 다른 커플도 함께 추고 있어 함께 이 흐름에 있어야 한다. 고속도로 주행을 할 때 자동차들이 각자의 속도와 거리를 조절하여 함께 달리는 것처럼 말이다. 이 대목에서 소싯적 최애 영화 '더티댄싱'에서 패트릭 스웨이즈와 제니퍼 그레이의 연습 씬이 오버랩된다. 이 장면에 나의 인생 명언이 있다. "각자의 공간을 존중하세요". 이 멋진 소셜 댄스는 인생사를 투영하게 한다. 두 사람의 상호작용 나아가 전체 론다에 대한 배려와 존중. 탱고의 밀롱가와 론다를 들여다보면 마치 인간 세상의 축소판 같다. 이렇듯 탱고는 관계의 행위다. '사자, 원숭이, 바나나'를 두 그룹으로 분류해 보자. 사실지향적보다 관계지향적 인간들이 주류인 탱고계 사람들은 단연 '원숭이와 바나나'를 그룹 지을 것이다. 사실 지향적 인간은 사자와 원숭이를 고른다고 한다. 인간사의 복잡다단한 어려움을 탱고를 통해 배우고 깨치고 생각하게 한다. 더러 탱고를 사유화하거나 탱고 인맥을 권력화하려는 사람들도 만난다. 무례와 비매너도 왕왕 접한다. 우리 인간 세상이 그런 것처럼 탱고는 내가 소속된 세계를 거울에 투영한 듯 반추시키고 성찰하게 했다. 탱고와 탱고 정신이 위대한 이유다.

정녕 네가 탱고를 아느냐
탱고는 각 사람들 속에 각각의 형태로 자리잡습니다
각각의 추억으로 각각의 근육의 움직임으로 기억되고
각각의 욕망과 절망, 질투와 선망, 결의와 체념입니다
지독한 소통이자 잡힐 듯 잡히지 않는 밀당입니다
글로서는 편린만을 조금의 편린만을 보여줄 수밖에 없습니다

-김수영 탱고시, 탱고로의 초대 중-

Chapter 5

탱고는
하이힐을 신는다

탱고의 세계는 입구는 있지만 출구는 없는 것만 같다. 도대체 탱고란 춤이 왜 이리도 나를 깊이 빠져들게 하는 걸까. 늪처럼 빠져든 탱고가 도대체 왜 좋을까? 요즘 레트로가 유행이라고 하는데 뼛속까지 슬로어댑터이자 모태 앤틱 & 빈티지 마니아인 나에게 시간의 깊이를 머금은 탱고의 음악과 밀롱가라는 장소만큼 매력적인 분야가 또 있을까. 탱고가 나를 매혹시킨 첫 번째 이유는 뉴트로 시대 빈티지 감성이 충만하다는 점이겠다. 세네 살 무렵 나는 한옥 건물에서 양조장을 하던 외가에서 자랐다. 마당에는 나보다 큰 술독들이 가득한 장독대가 있었고 외할아버지의 오래된 지프, 거실에 있던 빈티지 오디오 등이 내 놀잇감이었다. 또 어머니가 골동품가게에서 사오

신 콜렉터는 아니심에도 오래된 반닫이나 떡판, 고서화 등을 보며 자랐다. 어찌어찌 뮤지엄 큐레이터가 된 지금 돌아보면 모든 것이 퍼즐의 조각을 맞추듯 나의 성장에 영향을 준 필연 같은 인연들이었다. 지금도 나는 40년 된 빈티지카 휘가로로 출퇴근을 하고 있고, 매일 아침 눈뜨면 제일 먼저 하는 일이 '쥬빌라떼' 1930년대 독일 '텔레풍겐'사에서 생산한 최초의 소형 진공관 라디오 제품명으로 쥬빌라떼는 '환호하다' 또는 '기쁨에 찬 외침'이라는 의미다. 를 켜는 것이다. 이쯤 되면 여전히 고전 음악에 춤을 추는 레트로 감성 충만한 탱고는 시절인연처럼 내가 만나야 하는 대상이었던 거다. 마치 현대에 박제화된 과거를 만나는 듯한 느낌이다. 특히 내가 좋아하는 아르누보나 게츠비 시대의 낭만이 탱고에 있다. 늘 밀롱가를 가면 시간여행을 하는 기분이다. 영화 '나니아 연대기'의 옷장 저쪽 나라를 만나는 것 같기도 하다. 한국을 자주 찾는 대만의 탱친 탱고친구의 줄임말, 애니와 나는 함께 밀롱가를 갈 때면 "from now on, we're entering to another world." 이런 농을 하며 밀롱가의 현관문을 힘차게 열어제낀다. 정말 문이

열리는 순간 펼쳐지는 장면은 마치 죽어있던 열정 세포들이 당장에 깨어날 듯 미치도록 매력적이다. 그야말로 방금 전 지나온 회색빛의 무표정하고 무뚝뚝한 도시와는 완벽한 반전이다. 그윽한 조명 아래 탱고 음악과 와인과 담소가 묘하게 어우러진 풍경은 예외 없이 늘 짜릿하다.

두 번째는 시선강탈 취향저격 패션 감성이다. 탱고할 때 남성은 수트를 입고 여성은 드레스를 입는다. 나는 학생시절부터 워킹우먼에 대한 로망이 있었다. 하여 졸업을 하고 야근과 철야를 밥 먹듯이 하는 회사를 다니면서도 늘 정장을 갖춰 입었다. 멋진 워킹우먼이 되고 싶은 마음의 표출이었던 것 같다. 옷은 그 사람의 태도와 정신을 지배한다고 믿었고 건축을 전공하면서 이 생각은 더 확고해졌다. 복식은 최소의 집이자 확장된 스킨, 나아가 그 사람의 정체성이다. 신입시절부터 정장을 입고 다닌 덕에 야근에 최적화된 복장으로 지나치게 편안하게 출근하는 선배나 동료들 대신 회사의 중요한 프리젠테이션이나 미팅에 참석할 수 있는 기회가 오기도 했다. 임신 중에 너무

하고 싶던 일이 하이힐 신기였을 정도다. 이렇게 멋스럽게 차려입는 것을 좋아하고 때와 장소에 맞게 예와 격을 갖추는 감각있는 사람을 좋아하는 나에게 탱고는 취향저격이다.[6] 복식도 중요한 문화이자 매너이기 때문이다. 땅게로는 베스트까지 갖춘 수트를 입고 땅게라는 드레스에 하이힐을 신는다. 덧붙이자면 9cm 높이의 탱고화를 애정한다. 물론 강요사항은 아니다보니 편안하게 티셔츠에 청바지를 입고 밀롱가에 오는 이들도 있긴 하다. 자신감이거나 (무)감각이시겠다. 이렇게 밀롱가에서 땅게로스는 멋지게 변신한다. 오늘 업무에서 받았던 스트레스나 자괴감, 소소한 시비로 자신이 구차해졌던 상황은 던져버리고 마치 신데렐라가 무도회에 가기 위해 화려한 드레스로 갈아입고, 호박이 마차가 되고, 생쥐들이 마부가 되는 동화의 한 장면처럼 지금 이 순간이 내 인생의 화양연화 花樣年華 가

---

6) 워낙 드레시하고 독특한 옷입기를 좋아해서 동아리 후배가 '나는 누나가 건축과가 아니라 의상학과 학생인줄 알았어요. 이런 드레스는 황신혜만 입는 건줄 알았는데'라고 말한 적도 있다. 그 때 후배를 놀라게 한 옷들은 20년이 지난 지금 밀롱가에서 탱고복으로 애용하고 있다.

장 아름답고 찬란한 시절 인 것처럼 말이다. 매일 전쟁 같은 혹은 지리멸렬한 일상을 살아가면서 가끔 우리는 이런 판타지 같은 세상에 다녀올 필요가 있다. 탱고는 그런 멋스러움을 덤으로 선사해주니 어찌 빠져들지 않을 수가 있겠는가. 지인 중에는 탱고에 입문했다가 의상 전공인 본인의 특기를 살려 탱고복 브랜드를 런칭한 이도 있다. 탱고복과 탱고화도 전 세계 탱고 인구를 생각해 보면 작은 시장이 아니다. 내가 애용하는 아르헨티나 탱고슈즈, 꼼일뽀가 매년 출시하는 탱고화의 디자인은 디자이너도 감탄하게 만든다. 그러니 탱고패션을 감상하거나 쇼핑하는 것도 부가적인 솔솔한 재미다. 유튜브를 통해 탱고 댄서들의 공연 영상을 볼 때도 내 눈에는 춤보다 드레스 디자인이 먼저 들어올 때가 많다. 단순히 원단 패턴 형태로써가 아니라 공연곡과 동작, 그리고 댄서의 신체 특성과 연결한 의상 컨셉이나 디자인이 부합될 때 그걸 발견하는 묘미가 있다. 전시를 만드는 일이 업이다 보니 직업병인지도 모르겠지만 확실한 취향 저격임은 부인할 수 없다. 여성의 탱고 드레스는 동작이 큰 춤의 특성상 트임이 깊거나 다리의 보폭을 자유롭게 하는 머메이드 라인이거나 하늘하늘한 새틴 재질의 플레어 스커트가 주류다. 또한 홀딩을 하며 추다보니 앞모습보다 뒷모습이 보여지는 이유로 어깨가 드러나거나 등근육이 보이도록 깊게 파인 디자인이 많다. 이런 의상 또한 나의 개인 취향인데 탱고복의 노출은 야하거나 퇴폐적으로 보이지 않는다. 오래전 미술시간 누드 크로키를 할 때 기억처럼—이젤 앞에서 대기하고 있는 학생들 사이로 그날의 누드 모델이 강의실로 들어와 가운을 벗고 의자에 앉는데 그 모습이 그렇게 우아하고 아름다울 수가 없었다—지극히 우아하고 인체의 선의 아름다움에 매료되게 한다. 그래서 탱고복을 입은 땅게라들은 모두 아름답다.

마지막으로 나를 사로잡은 정점은 아브라소 감성이다. 탱고인들은 만나면 허그^{Hug}로 인사한다. 눈인사나 악수가 아닌 '안아주기'는 이미 가슴을 따뜻하게 데워준다. 어떤 땅게로께서 자신의 이야기를 들려준 적이 있다. 탱고를 시작하고 나서 허그의 매력을 알았다고 하셨다. 가족들끼리 어색해서 절대 하지 않던 행동인데 낯선 사람들과도 이렇게 딥 허그를 하는데 생각하니 아버지를 자주 안아드릴 수 있게 됐다고 했다. 아버지 돌아가시고 가장 잘한 일이 생전에 자주 안아드렸던 거라고, 그래서 탱고하길 참 잘했다고 생각했다고 하셨다. 잔잔한 감동과 공감이 있는 이야기다. 나 역시 지치고 외로울 때 밀롱가에서의 따뜻한 아브라소가 나를 지탱할 힘이 되어준다. 탱고를 하면서 연결을 가슴으로 느낄 때가 많다. 아인슈타인이 유령이론이라고도 불렀던 양자역학의 Entanglement^{양자얽힘}처럼 그 연결이 가시적이고 실체적인 무엇이 아니더라도 감정의 교류나 공감만으로도 깊은 이어짐이 느껴지고 더러는 실체적 관계의 연결이나 네트워크로 드러나기도 한다. 초급시절 한 탱고 선배께서 "음악을 함께 춤추는 땅게로를 통해서 들어보세요"라는 조언을 주신 적이 있다. 파트너와 각자 음악을 듣는 것이 아닌 상대가 듣고 해석하는 음악을 이해하라는 의미겠다. 너무 멋진 표현이고 통찰이다. 일상에서도 상대의 입장에서 생각하고 배려하는 태도가 중요하지 않나. 물론 쉽지 않다만 탱고를 통해 그런 마인드를 좀 더 갖고자 노력하게 된다. 합이 맞는 행복한 딴따가 끝났을 때 상대가 "에싸~"라는 감탄사와 함께 좋았다고 인사를 주시면 "좋은 리드 덕분이에요" 라는 인사가 절로 나온다. 사실이 그렇다. 좋은 리드가 있었기에 좋은 팔로잉이 될 수 있었고 그 합이 행복한 춤이 된 거다. 연결이 완성된 순간이다. 우연이 필연같이 느껴진 연결 경험도 있다. 탱고인들은 대부분 본명보다 닉네임^{요즘} ^{표현으로} 부케를 쓰는데 내 탱고네임은 '선샤인^{Sunshine}'이다. 왜 이런 네이밍을 정했는 지 정확히 기억나진 않지만 당시 마음에 빛이 필요했던 거 같다. 그런데 한참 후에 안 사실이지만 아르헨티나 국기의 표상이 태양빛이 펼쳐지는 모양 그야말로 선샤인이다. 또 탱고는 유네스코가 정한 세계무형유산이다. 나는 농담처럼 민속을 다루는 학예연구사의 취미로 탱고는 너무 찰떡궁합 같다고 말하곤 하는데, 우연 같지만 탱고가 무형유산으로 지정된 2009년은 내가 박물관에 입사한 해이기도 하다. 이 묘한 연결이 참으로 신기했다. 계속 우기고 싶은 탱고와 나의 인연설에 증거물 같다. 또 탱고와 일상이 이어지는 재미있는 에피소드도 있다. 언젠가 처음 뵙는 분과 까베세오가 되어 딴따를 했다. 한 곡이 끝나자 그분이 그러신다.

"드디어 만났군요. 최미옥 큐레이터!"
"어머나, 저를 어찌 아셔요?"

　내용인 즉, 노중훈 작가가 진행하는 '여행의 맛'이라는 MBC 라디오에 출연한 적이 있었다. 뮤지엄과 연결하여 프라하 방문 이야기를 했고, 그 가운데 프라하 밀롱가 이야기도 나왔었다. 그리고 이 땅게로꼐서는 그 프로그램의 애청자라 라디오를 들으면서 언젠가 밀롱가에서 이 출연자를 만나겠구나 생각하셨다고 한다. 신기한 경험이다. 노중훈님께 이 에피소드를 전하니 그 분 또한 즐거워하셨다. 연결됨을 확인시켜 주는 행복한 경험이 아닐 수 없다. 무라카미 하루키의 소설 1Q84에 이런 구절이 나온다. '우리는 서로 연결되어 있어 어떤 방식으로든 그 연결에 지분이 있다' 탱고의 아브라소는 사랑이다. 물리적 형식이지만 세상을 대하는 태도를 우리 몸에 장착시켜 주는 정신 같기도 하다. 우리가 연결되어 있음을 확인시켜 주고 그 연결에 가치를 부여한다. 그런 이유로 밀롱가에서 매 딴따마다 만나는 아브라소가 너무 좋다. 아니 소중하다. 보통 밀롱가는 저녁 7-11시를 전후로 4시간 정도 열린다. 충만한 딴따들을 하고 귀가하는 길 북강변도로를 달릴 때 바라보는 서울의 풍경, 특히 한강 건너 여의도의 야경은 벅차게 아름답다. 신화학자 조지 캠벨은 우리가 삶에서 추구하는 것은 삶의 의미보다 '살아있음의 경험'이라고 했다. 그러니 매 순간 '살아있음의 환희'를 느껴야 한다고 했다. 탱고의 여운을 가슴에 품고 바라보는 내가 살아 있는 도시 서울의 이 풍경은 매번 '살아있음의 환희'를 느끼게 한다. 탱고가 좋은 이유는 차고 넘치지만 굳이 꼽자면 이런 정서적 충만함을 나에게 주기 때문인 거 같다.

Chapter 6

100년 짜리
지구별 여행을 위한 최고의 티켓

유네스코 연구보고에 의하면 어릴 때 잘 놀았던 사람이 성인이 돼서도 행복도가 크다고 한다. 그렇다면 중년의 놀이 문화는 어떨까. 앞서 이야기했듯 나의 춤은 탱고가 처음이 아니라 이말 삼초 시작한 살사가 먼저다. 그러나 인생사에 치여 긴 공백을 깨고 살사바에 다시 가는 것이 좀처럼 쉽지 않았다.[7] 그러다 막연히 마흔이면 해야지 했던 탱고를 시작하고 땅게로스들과 그들 각각의 춤 역사를 얘기하다 보니 신기하게도 살사나 스윙을 하다 중년에 탱고로 넘어온 이들이 꽤 많았다. 뭔가 정신적으로 가지는 연대감을

---

7) 게다가 살사는 에너지를 엄청나게 발산하는 춤이다. 노안도 오고 관절도 무리가 있고 체력도 달리는 중년의 나에게는 이제 무지개 너머 그림 같다.

넘어 낙오된 전장에서 아군을 만난 듯한 든든함까지 엄습한다. 아....청년시절 잘 놀았던 사람은 여전히 행복한 중년을 보내고 있구나. 이 끼들은 어쩔 수가 없나보다. 그렇다고 탱고인들이 모두 전작의 댄스 취미가 있던 것은 아니다. 거두절미하고 말하고자 하는 요지는 탱고가 인생 후반전에 너무 좋은 취미라는 점이다. 나는 감히 탱고에 '반려'라는 수식어를 붙인다. 요즘은 같이 사는 개나 고양이도 '애완' 대신 '반려'로 부른다. 동물보호론자라 베지테리언이기도 한 나로서는 지당한 용어라고 생각한다. 복식이 사람의 태도를 지배하듯 언어는 사람을 대변한다. 나아가 언어가 문화를 만든다. 그렇기에 탱고를 반려라고 부르는 건 무척 마음에 든다. 여러 이유로 합당하기도 하다.

우선 건강이다. 여기서 건강은 육체적, 정신적 건강 모두를 포괄한다. 탱고는 축을 세우고 걷기를 중심으로 하는 몸의 움직임이다. 내 몸의 엑스레이를 찍으면 틀어진 골반과 휘어진 척추가 보인다. 결과지를 보면 목과 허리디스크를 달고 사는 일이 놀랄 일도 아니다. 잘못된 자세, 장시간 앉아있는 직업병, 교통사고 등 여러 요인이 원인이겠으나 아플 때마다 병원 치료에만 의존해 왔다. 알다시피 일시적인 치료이지 근본적 치료가 안된다. 그런데 탱고를 본격적으로 시작하면서 턱을 당기고 가슴을 펴고 몸을 반듯하게 세우는 이 기본 자세가 실은 일상에서도 내게 너무 필요했다는 것을 알았다. 구부정한 평소의 내 자세는 여러 가지 문제를 만들고 있었지만, 그때까지 심각하게 자각하지도 못했다. 심지어 팔자걸음에서 기인했는지 엄지발가락에서부터 발목까지 발의 근육들이 틀어진 것도 이제야 발견하게 됐다. '진작에 내 몸을 유심히 들여다보고 살폈다면' 이라는 자책과 후회가 들 정도였다. 지금부터라도 늦지 않았다고 생각을 고쳐먹고 이후로는 의자에 앉을 때도, 길을 걸을 때도, 운전을 할 때도 허리를 펴고, 다리를 모으고, 어깨를 내리려고 의식적으로 노력했다. 자연스럽게 요통과 어깨 결림이 사라졌고 구두를 신으면 신발 모양이 틀어지는 현상도 줄었다. 탱고의 기술 중에는 '파우사' 멈춤라는 게 있다. 기다리기 또는 멈추기다. 내가 제일 취약한 부분이었다. 지난 수십 년간 늘 바쁘게 살면서 빨리빨리 또 멀티태스킹으로 일을 쳐내야하는 몸에 밴 라이프스타일이 탱고를 출 때도 그대로 나왔다. '기다리세요', '멈춰주세요' 심지어 조급히 다음 동작으로 넘어가려는 나에게 '어디가세요'라는 상대의 웃지 못할 농담까지 들었다. 이걸 수용하고 몸에 장착하는데만도 수년이 걸렸다. 아니 여전히 노력중이다. 수십 년 몸에 밴 나쁜 습관이 하루 아침에 고쳐지지 않으니 조급해지기도 했다. 그러나 그 또한 받아들이고 서서히 바로 잡아가는 마인드 자체를 탱고를 통해 배우고 있다. 탱고가 좋은 인생 반려자처럼 내 삶의 급발진에 제동장치가 되주고 멈춤과 느림의 미학을 알려 준 거다.

또 하나, 탱고는 친구를 만들어준다. 실로 어마무시한 선물이다. 지금도 그렇지만 노년이 되서도 절대 심심하거나 외롭지 않을 것 같다. 전 세계 탱고인들은 같은 음악에 같은 춤을 춘다. 이는 산업에서도 말하는 '표준화'의 위력이다. 또한 웬만한 도시에는 밀롱가가 있다. 심지어 항공기 대기 시간조차 아까운 탱고인들은 공항의 공공장소에서도 탱고를 춘다. Stranded At An

Airport, Tango Meet-up라는 웹페이지에는 본인이 대기중인 공항 게이트, 비행시간이 실시간 올라온다. 같은 시공간에 있는 탱고인이 있다면 번개하듯 만나 잠시 탱고를 추고 각자의 여정을 떠난다. 스무 살부터 배낭 여행을 다녔고 전공 그리고 직무와 관련해 답사나 출장이 많은 나에게 이런 '탱고'의 확장성은 더 빛을 발한다. 답사든 출장이든 나의 해외여행 스케줄에는 밀롱가가 포함된다. 여행 짐을 꾸릴 때 꼭 챙기는 두 가지 물건이 있는데, 이태리타올 목욕과 마사지는 여독을 풀어주는 가장 좋은 방법이다. 과 탱고슈즈다. 이쯤 되니 탱고를 위해 여행을 가는지 여행 덕에 탱고를 하는지도 헷갈리는 상황이다. 분명한건 낯선 도시에서 밀롱가를 찾아가는 길은 마치 내가 탐험가 인디애나 존스가 된 듯한 호기심 충만한 쾌감을 준다는 점이다. 이윽고 밀롱가에 도착하여 입구를 들어설 때 늘 듣던 익숙한 탱고 음악이 흘러나오면 뭔가 안도감이라 할까, 그런 평안한 기분마저 밀려온다. 그리고 그 도시의 땅게로스들과 판따는 곧 깊은 유대감과 연대감을 갖게 한다. 실제로 탱고로 인연을 맺은 외국 친구들이 많다. 나의 탱고에는 프리미엄 보너스도 있다. 서울에 산다는 사실이다. 서울은 아시아의 탱고 메카다. 전 세계의 탱고인들이 탱고를 즐기기 위해 한국으로 온다. 심지어 탱고 휴가라는 표현이 있을 정도니, 휴가시즌이나 국내에서 탱고 페스티벌이나 탱고 마라톤 같은 행사가 있을 즈음이면 홍대 근처에 포진한 밀롱가들에는 외국인들로 가득하다. 멋지지 않나? 주기적으로 한국을 방문하는 해외 땅게로스도 있을 정도다. 언젠가 서울을 재방문한 대만 땅게라와 반갑게 인사하며 "이렇게 자주 탱고여행하는 너가 너무 부러워" 라고 말하자 그녀 왈 "나는 탱고를 위해 외국을 갈 필요가 없는 너가 부러워" 라고 답한다. 사실이다. 외국 여행을 할 때마다 그 도시의 밀롱가들을 탐험하지만, 뉴욕, 파리, 로마 정도의 대도시를 빼고 내가 가본 그 많은 도시에서 서울을 능가하는 밀롱가는 드물었다. 규모, 횟수, 위치, 땅고인들의 실력 그 어느 면으로도 봐도 한국 특히 서울의 밀롱가는 최강이고 최고다. 이 얼마나 축복인가. 미국에서 온 탱친이 그 원인에 대해 논문을 써보고 싶다고 농담을 하기도 했는데, 내가 생각하는 한국의 탱고가 이렇게 왕성한 이유는 바로 커뮤니티다. 혼자 고군분투하지 않는다는 거다. 개인적으로 배우기에 탱고는 시간적으로 비용적으로 쉽지 않다. 이래 봬도 유네스코가 정한 세계무형유산이지 않나. 거기다 아르헨티나에서 건너온 외국 문화다. 우리가 한국인임에도 살풀이나 판소리를 쉽게 배우고 일상에서 반려 취미로 하기 쉽지 않은 현실을 생각해보라. 그게 가능한 것이 한국의 동호회 문화다. 서로 끌어주고 당겨주는 이 단단한 커뮤니티가 탱고인들을 키우고 함께 즐길 수 있도록 하는 밑거름이자 동력이 되고 있다. 이 대목에서 선조들이 가졌던 두레니 향약이니 하는 공동체 문화가 탱고에도 깃들어 있나보다 싶다. 그리고 군대를 의무로 다녀와야하는 한국 땅게로의 특수한 상황도 한 몫 한다고 본다. 일반화의 오류가 있을 수 있는 지극히 개인적인 생각이다. 해외에서 원정 탱고를 위해 방문한 땅게라^{탱고추는 여자}들이 "한국의 땅게로^{탱고추는 남자}는 뭔가 다르다"라는 칭찬을 왕왕하는데 "아마도 군대 다녀온 남자들이라 하다못해 한국남자는 태권도라도 배

운다. 근성도 있고 체력도 있기 때문일거다"라는 나의
대답에 그들이 십분 동의를 하곤 했다. 탱고에서 리
더의 역할이 중요하고 팔로워보다 더 오랜기간 어렵
게 수련을 해야 하는 것은 냉엄한 사실이므로 보편적
으로 젊은 시절 군복무를 마친 성실하고 근성있는 한
국 남자는 잘할 수밖에 없지 않겠나. 얼마 전 여행 온
이스라엘 땅게로와 한 딴따를 하면서 그의 파워풀하
고 단단한 리드에서 나는 이런 개똥철학을 재확인했
다고 혼자 좋아했다. 그 나라도 군입대가 의무인 곳
아니던가. 하버드 대학의 인생연구소에서는 '인간의
행복'에 대한 연구를 진행했었다. 대상자를 평생에
걸쳐 추적 조사 해야하는 연구인 만큼 4세대 연구자
로 넘어가는 시점에서야 연구 결과가 나오기 시작했
다는데, 놀랍게도 ^{어쩌면 당연하게도}삶의 마지막 순간 '행
복했다'고 느끼는 사람은 부나 명예를 가졌던 사람이
아닌 주변에 가족이나 친구가 많았던 사람이라고 한
다. 우리의 삶에서 무엇이 필요하고 중요한 지를 설
명해주는 연구 결과다. 이 대목에서 탱고 커뮤니티의
힘을 다시 한번 확인하게 한다. 또 나아가 내 탱고 지

인이 해준 이야기도 떠오른다.

"누나. 탱고를 잘 추는 사람은 춤의 테크닉이 좋은 사람이 아니라 같이 출 사람이 많은 사람이에요"

명언이다. 탱고 안에서 일희일비하던 탱고 커뮤니티도 사람사는 곳이라 장밋빛 인생만 있지 않다. 지난 수년 간의 시간을 돌아보니 궁극에 탱고가 가르치는 것은 어느 땅게로의 일침처럼, 뉴욕에서의 첫 탱고클래스의 교훈처럼 '그저 춤일 뿐이다'였다. 좀 춘다고 우월감을 가질 필요도, 못한다고 자괴감을 가질 이유도 없는 그저 즐기면 되는 춤이다. 공동체 안에서 우리로서 함께 머물게 하는 힘이 되어주는 것 그것이 중요하다. 나는 아직 그 정점에 가지 못했으나 탱고의 정점을 찍은 선배들의 공통된 이야기이기도 하다.

반려취미로서 탱고의 정점은 나를 가슴 뛰게 한다는 점이다. "여행은 다리 떨릴 때가 아닌 가슴 떨릴 때 하는 거야!" 답사여행 중 어느 선생님께서 이런 이야기를 해서 일행들이 한바탕 웃었던 적이 있다. 가슴 떨리는 무엇. 설레는 일을 한다는 것. 세상에서 가장 행복하고 축복받은 일이다. 나에게 탱고가 그렇다. 몇 해 전 내가 소속된 학회에서 포르투갈로 건축 답사를 갔을 때의 일화다. 알바로 시자Alvaro Siza라는 건축계 거장의 주옥같은 건축들을 답사했고. 그의 스튜디오를 방문해 마침 일정이 된 그와 인터뷰 시간도 가졌다. 그와 대담시간이라니 이건 정말 흔치 않고 귀한 경험이었다. 일과를 마치고 모두가 그 대담의 여운에 취해 들떠 있던 저녁, 나는 밀롱가를 가기 위해 마음이 분주했다. 주소를 꺼내 길을 묻는 나에게 종일 일행을 인솔했던 가이드께서 반문하시는 거다.

"선생님, 이 낯선 곳에서 도대체 누굴 만나러 가기에 그렇게 눈이 반짝반짝 빛나고 있어요? 두 눈에 하트가 떠있어요."

탱고를 추러간다는 생각에 알바로 시자를 만났을 때보다 더 흥분되있는 마음을 들켜버렸나 보다. 사랑은 숨길 수가 없다더니. 나를 빠져들게 하는 탱고의 세계. 이 인생의 늪 같은 그러나 헤어 나오고 싶지 않은 탱고라는 블랙홀을 열렬히 사랑한다. 칼릴 지브란의 시 '반만 사랑하는 사람을 사랑하지 말라'에서 처럼 나를 온전히 던지는 열정을 찾게 한 무엇. 탱고에 빠졌다. 그리고 탱고가 이어주는 세상의 놀라운 경험은 지금도 현재시제로 이어지고 있다. 프란시스 웍스는 '가슴은 머리가 알지 못하는 것을 안다'고 했는데, 탱고를 선택한 내 가슴은 이미 알고 있었던 것 같다. 내가 탱고와 사랑에 빠질 것임을. 내 인생 후반기의 반려취미 탱고 네가 있어 고맙다.

「인생은 100년짜리 지구별 여행」이란 제목의 모 박물관 관장님의 칼럼이 떠오른다. 대략의 내용은 이랬다. '잠깐 머물다 가는 삶일 뿐이다. 소유에 대한 집착과 욕심을 버리고 좋은 관계와 문화적 경험을 쌓고 건강하게 지내다 미련없이 가는 게 최선이다' 삶에 대한 멋진 통찰이자 관점의 전환이 아닐 수 없다. 나의 100년짜리 지구별 여행은 어떻게 디자인 할 것인가? 라는 질문을 던진다면, 탱고가 내게 그 답을 주는 것 같다.

춤추라, 아무도 바라보고 있지 않은 것처럼.

사랑하라, 한 번도 상처받지 않은 것처럼.

노래하라, 아무도 듣고 있지 않은 것처럼.

일하라, 돈이 필요하지 않은 것처럼.

살라, 오늘이 마지막 날인 것처럼.

−알프레드 디 수자−

Chapter 7

우리 탱고할까요 *Shall we tango* ?

"탱고처럼, 탱고와 함께!"

이 책은 쑬딴스 북의 기획 의도처럼 나의 '소확행소소하지만 확실한 행복'이다. 내가 사랑하는 탱고를 많은 분께 알리고 함께 하고 싶다는 마음에 출간을 결심했다. 솔직히 깊고 넓은 탱고의 세계와 정신을 이야기하기에는 나는 여전히 부족한 땅게라다. 하여 부록으로 넣은 탱고 관련 서적과 한국의 탱고 커뮤니티 정보가 참고가 되길 바라며 이 책이 마중물이 되어 더 깊고 넓은 탱고를 경험하시기를 바래본다. 본문에서도 언급했지만, 탱고인들이 만들어온 커뮤니티의 힘이 대단하다. 탱고 용어는 동호회 솔로땅고의 초급자를 위한 게시글_{작성자 파블로}을 기반으로 정리한 내용이다. 그리고 커뮤니티는 아래 정리된 곳보다 더 많은 강습, 프락티카, 친목 모임들이 있지만 탱고 입문자에게 유용할 오랜 운영과 지도 경험을 가지고 초급자 수업도 가능한 곳으로 정리한 것이다.[8] 또한 탱고 관련 서적들은 나의 탱고도 반추하게 하는 영감과 공감 자체다. 탱고인, 비탱고인을 불문하고 인문 여행을 사랑하시는 분들께 추천해 드린다. 끝으로 오래전 상하이 밀롱가를 방문했을 때 마침 나의 생일이어서 오거나이저에게 탱고 다이어리를 선물로 받았다. 탱고는 성장하는 춤이다. 샘플 일기를 참조하여 나만의 다이어리를 만들어 보는 것도 좋겠다. 다이어리는 내가 다녀온 밀롱가의 추억과 나와 나의 반려취미 탱고의 성장 과정을 담아주는 소중한 기록이 된다. 인생은 B(birth)와 D(death) 사이의 C(choice)다.

"Shall we dance 우리 탱고할까요?"

---

8) 지면을 빌어 목록 정리에 도움주신 움베르토님, 기뻐하는 라이언님 외 많은 탱고인께 감사드린다.

· 탱고용어 ·

탱고와 음악

Tango(땅고)
1. 탱고라는 춤 자체를 일컬을 때 쓰는 용어로
아르헨티나와 우루과이에서 쓰는 현지식 발음표기다.
2. 탱고 음악을 크게 Tango / Vals / Milonga
이렇게 세 가지로 나눌 수 있는데, 그 중에서 4/4박자 Tango 곡을 의미한다.

Vals(발스)
왈츠풍의 3/4 박자 곡. 쿵작짝~ 쿵작짝~ 하는 박자로 이루어진 곡이다.
우리가 흔히 알고 있는 그 왈츠 맞다.

Milonga(밀롱가)
1. 땅고 춤을 추기 위해 땅게로스(땅고를 추는 사람)가
모이는 공간이나 장소를 말한다.
2. 2/4 박자로 이루어진 빠른 음악 곡이다.

탱고구성 용어

Cortina(꼬르띠나)
장막, 막 이라는 뜻. 밀롱가(장소)에서 딴다와 딴다 사이에 짧게 탱고가
아닌 음악을 내보내는 막간을 일컫는다. 파트너를 에스코트하여 자리로
안내하고 휴식을 취하는 시간이기도 하다.

LOD(엘오디)
Line Of Dance의 약자. 여러 사람이 모인 밀롱가에서
엘오디를 지키며 시계바늘 반대방향으로 돌면서 춤을 춘다.

Cabeceo(까베세오)
Cabeza(머리)와 관련된 동사 'cabecear'의 명사형.
춤을 추고 싶은 상대에게 먼저 눈빛과 시선을 주고,
시선이 마주친 두 사람이 호응을 해서 머리를 옆으로
까딱하거나 위 아래로 까딱 움직이는 것을 말한다.

tanguero(땅게로)
탱고를 추는 남자.

tanguera (땅게라)
탱고를 추는 여자.

tangueros(땅게로스)
땅게로 + 땅게라 = 땅고를 즐기는 사람들

milonguero(밀롱게로)
자주 밀롱가에 나타나는 땅게로(남자)

milonguera(밀롱게라)
자주 밀롱가에 다니는 땅게라(여자)
esa(에싸)
그것. 탱고를 관람하면서 멋진 동작이 나왔을 때 감탄사로 쓰인다. 그래! 바로 그거야! 이런 느낌으로 쓴다.
Figura(피구라)
모습, 형태, 피규어. 탱고를 출 때 쓰는 기술이나 패턴을 일컫는다.
Practica(쁘락띠까)
연습, 실습. 줄여서 쁘락이라 부르기도 한다.
Corazon(꼬라손)
심장. 탱고에서는, 파트너와 함께 춤 추며 느낄 수 있는 최고의 경지, 혹은 황홀감을 일컫는다.
탱고의 세부동작
Salida(살리다)
나가다. 출구(exit). 탱고는 즉흥적인 춤이기 때문에, 이렇게 춤 춰야 한다는 정형화된 패턴이 없다. 단, 연습을 위한 시퀀스나 패턴이 있는데, 전통적으로 정형화된 시퀀스로 6스텝 살리다와 8스텝 살리다가 있다. 어떤 탱고 댄서들은, 탱고의 전통과 선배에 대한 존중의 의미로 항상 살리다 시퀀스로 춤을 시작하기도 한다.
Abrazo(아브라쏘)
껴안음, 포옹. 영어의 embrace. 파트너간에 상체가 홀딩된 상태를 뜻한다. 오픈 임브레이스는 아브라쏘 아비에르또(abrazo abierto) 라고 하고 클로즈드 임브레이스는 아브라쏘 쎄라(abrazo cerrado)라고 한다. 아브라쏘 쎄라도를 말할 때, 보통 줄여서 쎄라도라고도 한다.
Adelante(아델란떼)
(방향) 앞, 앞으로
Atras(아뜨라스)
(방향) 뒤, 뒤로
Pivot (피봇)
무게중심을 발바닥의 한 점에 실어 회전하는 것이다.
Cruce / Cruzada(끄루쎄 / 끄루사다)
교차, 엇갈림 / 교차된. 영어의 cross를 뜻한다. 한 발이 다른 한발의 앞이나 뒤로 교차된 모양이나 교차시키는 것을 의미함. 주로 팔로워가 뒤로 걸을 때, 뒤에 따르는 발이 앞에 가 있는 발의 안쪽에 위치하면서 다리가 꼬이는 상태. 에잇살리다(8-salida)에서 5번째 스텝에 이루어진다고 해서 씬코(5)라 일컫는 사람도 있다.

ocho (오쵸)

숫자 8을 오쵸라 한다. 움직이는 발의 궤적이 아라비아 숫자 8을 옆으로
눞혀놓은 모양이라 이름 붙였다. 피봇하고 앞으로 걸으면
오쵸 아델란떼, 뒤로 걸으면 오쵸 아뜨라스가 된다.

Ocho Cortado(오쵸 꼬르따도)

오쵸(주로 오른쪽으로 아델란떼)를 하다가 남자가 Block을 하거나
방향을 되돌려서 여자를 원래 위치로 보내면서 끄루사다시키는 동작이다.

Cunita(꾸니따) / hamaca(아마까)

요람이 흔들리듯 혹은 해먹이 왔다 갔다 하듯 하는 모양.
무게중심을 완전히 이동하지 않고 왔다 갔다 하는 모양이다.

Adorno(아도르노)

꾸미기, 장식 동작을 일컫는다.

Pausa(빠우사)

Pause, 멈추는 모든 동작을 빠우사라고 한다.

Parada (빠라다)

멈춘, 움직이지 않는. (주로 리더가)
파트너를 발로 멈추는 동작을 뜻한다.

Giro (히로)

회전 동작을 일컫는다. 축을 중심으로 앞, 옆, 뒤, 옆의 순으로 스텝을
밟게 되며 박스 모양으로 빽-사이드-프론트-사이드 순으로 돈다.

Medio Luna(메디오 루나)

메디오는 반(1/2), 루나는 달을 뜻한다.
반달을 일컫는 단어로, 메디오 히로와 비슷하다.

Sacada (사까다)

뽑다, 빼내다. 상대의 두 발 사이에 자신의 발을 넣어
무게 중심을 이동하면서 상대의 발을 밀어내는 듯한 동작이다.
다른 동작과 마찬가지로 실제 리드는 발이 아니라 상체에서 이루어진다.

Gancho (간초)

'고리'라는 뜻으로 서로의 다리가 고리에 걸린 것처럼
휘감겼다 풀어지는 동작이다.

Boleo (볼레오)

한쪽 다리로 다른쪽 다리를 감는듯한 동작으로,
무게중심이 실리지 않은 쪽 다리(Free Leg)가 중심을 잡고 있는
다리를 감는듯한 동작. 팔로워가 하게 될 때 리더가 관성의 법칙을
이용하여 리드하는 것이 포인트이며, 앞 볼레오(boleo adelante와
뒷 볼레오(boleo atras), 직선 볼레오와 원형 볼레오 등이 있다.
리더가 하는 경우는 아도르노(장식 동작)에 속하게 된다.

Sanguchito(상구치또) / Mordida(몰디다)
샌드위치 / 깨물다. 샌드위치라고도 불리는 동작으로
상대의 발을 자신의 두발로 양쪽에서 조이는 동작이다.

Arrastre(아라스뜨레) / Barrida(바리다)
바닥을 쓸듯이 상대방의 발을 본인의 발로 끌고 가는 동작.
발로 무리하게 상대의 발을 미는 것이 아니라 발이 붙어가는
모양으로, 이 역시 상체의 리드로 이루어지는 동작이다.

Enrosque(엔로스께)
상·하체를 꼬아서 생기는 힘으로 발을 나선형으로
빠르게 감는 동작. 장식 동작으로 쓰이는 아름다운 동작이다.

Colgada(꼴가다)
'매달리기'라는 뜻으로, 남녀의 서 있는 무게 중심의 축이
하나로 모여, 서로 매달린 채 상체를 최대한 멀리하는 동작이다.
현대 누에보 탱고에서 개발된 대표적인 탱고 동작이다.

Volcada(볼까다)
Volcar(볼까르). 엎어버린다는 뜻으로, '꼴가다'와 반대되는 자세이다.
상체를 서로 기울여서 의지하고 하체를 서로 멀리하는 자세이다.
이 역시 현대 누에보 탱고에서 개발된 최신의 탱고 동작이다.

Cadensia(까덴시아)
박자, 리듬. 탱고에 까덴시아를 더한다는 것은, 딱딱하게 추는 것을
벗어나 한 동작 한 동작 리드미컬하게 추는 것을 의미한다.

diagonal(디아고날)
대각선의. 대각선으로 이동하는 것. 현재는 a la izquierda de muher (알 라
이쓰끼에르다 데 무헤르-여성의 왼쪽으로 걷는 것)과 혼동되어 쓰이고 있다.

Apertura (아뻬르뚜라)
무게중심을 양발에 두고 상대방을 앞에 둔채 다리를
벌리고 서서 상체를 마주보고 열어둔 자세이다.

Rulo (룰로)
상대가 히로(회전동작)를 하는 동안 한 발 중심으로 서서 다른
한 쪽 발로 바닥에 작은 원을 반복적으로 그리는 동작이다.

Lapiz (라삐스)
연필. 상대가 히로(회전)를 하는 동안 다른 한쪽이
중심을 꽂은 채 다른 쪽 발로 반원을 그린다.

Soltada(솔따다)
큰 동작이나 회전 동작, 개별적인 춤 연기를 위해 아브라소 상태를 풀어
손을 놓아 따로 떨어지는 것. 현대 누에보 탱고에서 개발된 동작이다.

Amague(아마게)
서로의 느낌과 동작을 서서히 맞추어보는 움직임.
천천히 걸음을 움직여보는 과정이다.

탱고 종류

Salong tango(살롱 땅고)
살롱과 같이 마룻바닥이 있는 곳에서 춘다는 뜻. 사람이 많을 때는
보폭을 작게 하고 쎄라르 아브라소 (클로우즈 홀딩)로 추기도 하고 사람이
적을 때는 아비에르또 아브라소(오픈 홀딩)로 보폭을 크게 추기도 한다.

Milonguero clase(밀롱게로 스타일 땅고)
1950년대부터 여태까지 이어져 온 깊은 아브라소로만 추는 스타일.
오픈 홀딩 없이 거의 춤을 추는 내내 가슴으로 텐션을 주고받는 스타일이다.

Nuevo tango(누에보 땅고)
새로운, 현대적인 탱고를 뜻한다. 올드 밀롱게로 스타일로 추던 군부독재
시절 이후, 전통적인 동작들에 새로운 피규어를 가미해 추는 스타일이다.

Escenario (에쎄나리오 땅고)
무대 혹은 극장에서 공연하는 쇼 탱고 혹은 판타지아 탱고. 무대에서
관객들에게 보여주기 위한 탱고이다. 표현력을 극대화하기 위해 일반적으로
살롱 탱고보다 훨씬 강한 텐션으로 추며, 음악을 표현하거나 예술성을
추구하기 위해 현대적인 무용 동작들이 가미되고 있는 추세이다.

· 탱고 론다 ·

론다는 밀롱가에서 여러 커플이 동시에 춤을 추는 흐름으로 댄스 플로어에 상상의 동심원이다. 보통 밀롱가에서는 규모에 따라 2~3개의 레인이 있다. 각 레인에서 춤추는 커플들은 같은 속도로 움직이며 서로 간의 거리를 비슷하게 유지한다.

론다를 통해 댄서들은 예측 가능한 방식으로 움직일 수 있고 상대방이어느 방향으로 움직일지 대략적으로 알면 더 차분하고 집중해서 춤을 출수 있게 된다. 이를 통해 모두가 동시에 탱고를 즐길 수 있다.

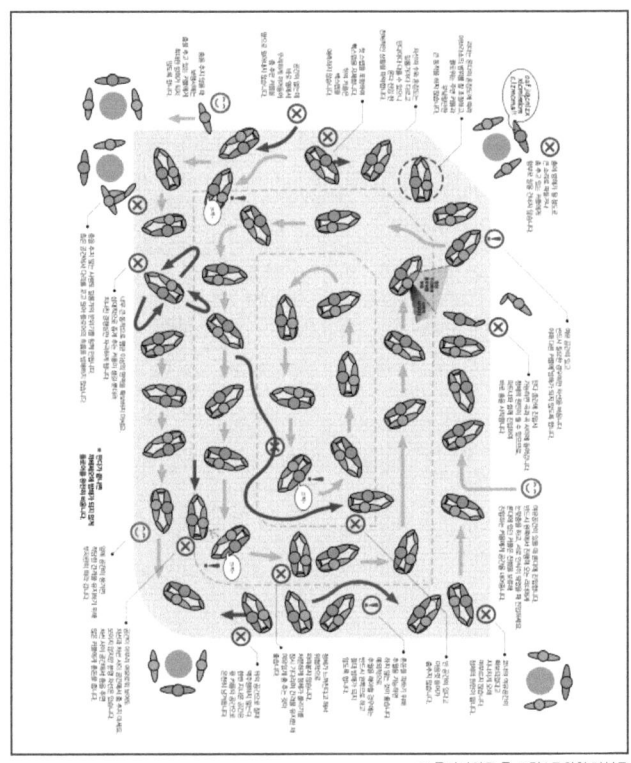

© 론다가이드 글 그림/ 조완철 파블로

· 탱고 서적 ·

제목	저자	출판사	내용 개요
탱고	호르헤 루이스 보르헤스 (송병선 번역)	민음사 인문교양 2024	보르헤스의 사후 30년 후에 발견된 탱고강연 녹취록을 기반으로 발간된 유고 강연집이다. 20세기 세계 문학을 대표하는 보르헤스가 아르헨티나의 정신을 형성한 탱고에 대해 말한다.
탱고 마스터	양영아 김동준	비키북스 스포츠 2024	탱고의 본고장인 부에노스아이레스에서 전수받은 거장들의 지혜와 풍부한 경험을 바탕으로, 초보자들에게는 친절한 안내서이자 전문가들에게는 수시로 찾아보며 창조적인 아이디어를 얻을 수 있도록 만든 탱고 백과사전이다.
내 인생 한번쯤 탱고	양영아 김동준	비키북스 에세이 2024	부에노스아이레스에서 땅고를 전수받고 현재 명지대 아르헨티나땅고지도자과정의 책임교수인 양영아, 김동준 교수(a.k.a.태양&쏠)가 마주 앉아 이야기하듯 편안하게 들려주는 탱고 에세이 북이다.
탱고 어페어	김수영	BOOKK 시집 2023	15년간 탱고를 해온 저자가 정신적 심리적 신체적 반응들을 지면으로 길어올린 격정과 평화, 선망과 질투, 설렘과 체념이 뒤섞여 요동치는 최전선 탱고현장의 편린들이라 할 수 있는 100여 편의 자작시 모음집이다.
탱고 스토리	마이클 라보카 (벤자민 l 박유안 번역)	바람구두 대중음악 비평감상 2023	탱고음악이야기 책이다. 영어로 처음 발간된 이후 탱고의 본고장 아르헨티나에서도 스페인어로 번역되어 출간되었으며, 한국어까지 5개 언어로 번역되어 세계의 탱고 소셜 댄서들에게 사랑받고 있다.
탱고, 매혹의 시간	김수영	북코리아 에세이 2022	저자가 자기 완결적 매혹의 세계라고 표현하는 탱고를 소개하는 비탱고인을 위한 입문서이자 탱고인을 위한 정보북이다.
땅고	하재봉	살림 중남미 여행 2017	'땅고순례자'로서 여러 차례 아르헨티나의 부에노스아이레스를 방문했던 저자의 부에노스아이레스의 여행 기록이다.

MEMO

· 탱고 음악 ·

주옥같은 탱고곡들이 많다. 하여, 탱고DJ와 탱고가수께 애정하는 탱고곡 3곡씩을 추천받았다. 단 3곡만을 골라야함에 모두 괴로워하셨다. 탱고를 하면서 각자가 좋아하는 음악들, 사연있는 음악들이 생기게 되는데 나만의 플레이리스트를 만들어보는 것도 좋겠다.

추천인	추천곡	추천이유
 Carlos 까를로스 (탱고DJ)	Patotero Sentimental 악단 Carlos Di Sarli 가수 Roberto Rufino 1941	영혼으로 노래하는 가수의 목소리와 디 사를리의 섬세한 연주는 물론, 가사와 곡의 느낌까지 조화가 완벽한 곡이다. 특히 노래가 시작되면서 끝날때까지 그들이 탱고의 맛을 살리기 위한 연주들 (특히 목소리 뒤로 깔리는 Harmonia 혹은 Contracanto) 을 놓치지 않고 다 들을 수 있다면 그야말로 행운이 아닐 수 없다.
	Pasion (Vals) 악단 D'Arienzo 1937	열정이라는 제목의 발스(탱고화 된 왈츠)의 연주곡으로 심장박동 같은 베이스의 연주에 귀 기울이는 게 중요한 감상 포인트!! 게다가 간간이 두드러지는 Biagi(피아니스트)의 개성은 물론 심금을 울리는 바이올린의 연주와 마지막 바리아시온(변주) 등 다양한 매력 포인트를 따라가다 보면 어느새 심장이 먹먹해짐을 느낄 수 있다.
	Nochero Soy 악단 Osvaldo Pugliese 1956	어쩌면 일반인들에 가장 어필이 될 만한 연주가 아닌가 싶을 정도로 연주와 음질을 한껏 충족시켜 주는 곡이다. 탱고가 강렬(Intenso)하면서도 Melancolia 하다는 느낌을 표현하는 대표곡이라 해도 과언이 아닐 것이다. 특히, 2'57"부터 시작되는 반도네온(O. Ruggiero)의 변주가 압권이다.

	Tango brujo 작곡 Francisco Canaro 악단 Juan D'Arienzo 가수 Héctor Mauré 1943	'리드믹' 탱고의 제왕, 다리엔소에게도 '멜로딕' 시대가 있었다. 1943년-1944년 무렵이다. 이 곡은 리드믹시대에서 멜로딕 시기로 넘어가는 시기에, 리듬과 멜로디를 다 잡은 곡이다. 리듬은 경쾌하고, 가수인 엑또르 마우레가 전달하는 멜로디와 가사도 그 존재감이 확연하다. 가사는 탱고의 탄생부터 현재까지 훑으며 탱고의 매력을 칭송한다. "용감한 땅고! 사랑스런 땅고! 고귀한 땅고! 아름다운 땅고!"를 노래한다.
 Camus 까위 (탱고방송 DJ-마포FM 100.7Mhz)	Champagne tango 작곡 Manuel Aróztegui 악단 Carlos Di Sarli 기악곡 (Instrumental) 1958	이 곡은 디살리 악단에 의해서 1944년, 1952년, 1958년 총 3번 녹음되었다. 1958년 마지막 녹음은 필립스(Philips)사가 발매한 디살리 마지막 앨범 수록곡 14곡 중 한 곡이다. 디살리 음악의 아름다움을 고스란히 담고 있는 곡이다. 디살리 음악은 '우아함'의 대명사처럼 알려져 있지만, 이 곡에서 잘 나타나듯이 '우아함' 뿐만 아니라, '파워'와 '장쾌함'을 갖추고 있다. 뛰어난 비트감과 악기들간 혼연일체된 하모니가 놀랍다.
	Tal vez será su voz 작곡 Lucio Demare 작사 Homero Manzi 악단 Aníbal Troilo 가수 Alberto Marino 1943	루시오 데마레가 작곡하였고, 데마레 악단과 뜨로일로 악단이 녹음한 곡이다. 두 연주 버전 다 훌륭하다. 그런데 뜨로일로의 연주와 마리노의 보이스는 훌륭함을 넘어 황홀함의 경지를 보여준다. 제목의 뜻은 "어쩌면 그녀의 목소리일지도 몰라" 인데, 늦은 밤 환청처럼 그녀의 목소리를 듣는다는 내용이다. 몽상적 분위기와 그리움의 정조가 곡에 깔려있는데, 멜로디 라인은 극강으로 아름답고, 마리노의 목소리는 시를 읊는지 노래를 부르는지 음유의 경계를 넘나 든다.
 Euan 유안 (탱고DJ)	El choclo 작곡 Ángel Villoldo 1903(추정)	유럽을 방문한 군악대에 의해 현지에서 연주된 최초의 탱고곡일 정도로 유서 깊은 고전. 여러 탱고 악단이 녹음한 덕분에 지금 즐길 수 있는 버전도 엄청 다양해서 DJ에겐 특히 축복 같은 곡. 심지어 루이 암스트롱의 재즈나 여러 오케스트라 버전으로 편곡될 정도로 아름다운 선율을 자랑한다.
	Farol 작곡 Virgilio Expósito 1943	심금을 울리는 전성기 탱고의 대표곡. 가사를 찾아보면 더욱더 저릿. 뿌글리에쎄 악단과 뜨로일로 악단의 두 1943년 녹음이 유명한데, 심금을 울리는 방식이 상이해 흥미롭다. 특히 로베르토 차넬과 프란시스코 피오렌티노라는 걸출한 가수 두 명의 목소리가 각각의 곡에서 각축을 벌여 우리를 즐겁게 한다.

	Mi dolor 작곡 Carlos Marcucci 1930	여러 버전이 있지만 왠지 오로지 1972년의 다리엔쏘 악단을 위한 곡 같은 명곡. 춤으로서 또 음악으로서 탱고를 사랑하는 사람이라면 누구나 벌떡 일어나 춤추게 만드는 편곡이 돋보인다. 약동하는 반도네온 크레센도에 이은 현악기, 곧 등장하는 오스발도 라모스의 목소리가 멋지게 진화한 70년대 탱고의 에너지를 내뿜는다.
	Cotorrita de ra suerte 악단 Anibal Troilo 가수 Alberto Marino 1945	Troilo 곡들 중에서 멜로디 계열에 속한 곡으로 Marino의 보컬과 어우러져 서정적인 느낌이 느껴지는 곡이다.
Gianluca 쟌루카 (탱고DJ)	Entre Tu Amor y Mi Amor 악단 Alfredo de Angelies 가수 Juan Carlos Godoy 1959	솔직한 사운드와 서정적인 Godoy의 보컬이 매우 사랑스러운 곡이다.
	Que tarde que has vendor 악단 Hector Vanela 가수 Argentino Ledesma 1956	파워풀한 연주와 Ledesma의 압도적인 보컬이 돋보이는 매우 드라마틱한 곡이다.
	Cascabelito 악단 Pugliese 가수 Maciel 1955	까스까벨리또는 해석에서는 방울뱀이라고 되어있지만 제 생각엔 작은 방울처럼 귀엽고 사랑스러운 애칭 같다. 제가 maciel의 감미로운 목소리를 너무 좋아하고 탱고음악을 어설픈 스페인어발음으로 따라 부를 수 있는 첫 번째로 암기했던 곡이다. 카니발에서 스치듯 만났다 어디론지 사라져버린 작은 방울같이 앙증맞고 귀엽고 사랑스러운 그녀를 그리워하는 듯한 상상을 해봤던 곡이다.
Isabelle 이사벨 (탱고DJ)	Tigre Viejo 연주 Osvaldo Fresed 1925 기악곡 (Instrumental)	이 곡을 듣고 펑펑 울었던 기억이 있다. 왠지 모를 슬픔이..프레세도가 반도네온 연주자였는데 그만의 감성적인 선율로..한 때는 용맹한 호랑이였는데 시간이 흘러 나이를 먹고 기운이 다빠졌지만..여전히 호랑이임을 마치 나처럼 너처럼 우리들처럼 살아갈 수밖에 없는 다양한 아픈 감정들이 녹아있는 거 같다.

	La cumparcita 악단 제나탱고 2015	나의 디징 끝을 알리는 이사벨만의 시그니쳐 라꿈빠르시따다. 2015년 데뷔한 퓨전국악탱고밴드 제나탱고의 이 곡은 해금.대금.아쟁 등의 우리나라 전통악기와 반도네온.건반 등과의 어우러짐이 환상적이다. K-POP처럼 K-TANGO가 전세계 중심이 될 수 있기를 희망하는 마음이고 이 곡을 얼마전 베트남 호치민에서 틀었는데 얼마나 좋아하는지 뿌듯했다.
	Poema valseado 작곡:Astor Piazzolla 작사:Horacio Ferrer	아스또르 삐아졸라의 오페라"Maria de Buenos Aires" 에 삽입된 곡으로 주인공 마리아가 자신의 삶과 미래에 일어날 일을 예견하고 담담하게 받아들이는 내용이다. 가사도 좋지만 멜로디가 환상적이다.
	Sin piel 작사 작곡: Eladia Blázquez	그녀의 모든 작품을 사랑하지만 이 곡을 소개해 드리고 싶다. 상실의 고통이 너무 커서 로봇처럼, 피부가 없는 것처럼 모든 것을 느끼지 않겠다는 그녀의 천재성에 몸서리 치며 듣게 된다.
Mina 미나 (탱고가수)	Caserón De Tejas 작곡: Sebastián Piana 작사: Cátulo Castillo	가슴이 따뜻해지는, 행복의 눈물이 나는 곡이다.

내가 애정하는 탱고곡

· 탱고 커뮤니티 ·

■ 서울&경기

지역	상호	주소	대표 및 연락처	커뮤니티 카페
서울 홍대	솔로땅고	서울시 마포구 홍익로5길 57 지하 1층	동호회	https://cafe.daum.net/latindance
	탱고피플	서울시 마포구 잔다리로 48, 정원빌딩 2층	이리 010-2200-3859	https://cafe.daum.net/tango-people
	엘블린 땅고	–	화이 y 헝얏 010-2208-3224	https://cafe.daum.net/elbulin
	앙헬탱고		앙헬아릿다 y 로레나 010-2285-4588	https://cafe.daum.net/AngelTango
	탱고심바	-	심장 y 바비 010-8997-9662	https://cafe.daum.net/nuevoclass
	서울 아르헨티나 탱고 아카데미	서울시 마포구 홍익로6길 10 준봉빌딩 지상 4층	런던홍 y 쏠랑해 010-9208-5378	https://cafe.naver.com/tangoacademyseoul
	소셜탱고 아카데미	서울시 마포구 월드컵북로 2길 57, B1 탱고 클럽 오쵸	이브 010-5510-8658	https://cafe.daum.net/flortangoacademy
	비바탱고	-	로하스 y 제이 010-6206-1886	https://cafe.daum.net/vivatango
	프리스타일	서울시 마포구 양화로3길 55	스톤 010-7209-2468	https://cafe.daum.net/freestyletango
	탱고 브루호	서울시 마포구 잔다리로 68 YMCA 건물 지하 1층	오키즈 010-2838-4446	https://cafe.daum.net/tangobrujo
	운뽀꼬데 탱고	서울시 마포구 월드컵북로 2길 81-3 1층	시온 y 향기 0507-1488-0518	https://cafe.naver.com/unpocodetango
	탱고BA	서울시 마포구 성미산로 187 B1 오나다2	제프 010-2852-4416	https://cafe.daum.net/tangoba
서울 강남	올라탱고	서울시 서초구 효령로 2길 10	동호회	https://band.us/@holatango
	엘땅고	서울시 서초구 반포동 741, 2F	피쉬 y 태봉 010-2415-0563	https://cafe.daum.net/eltangocafe
	탱고클럽 LnT	서울시 반포동 735-2번지	라우 010-3277-8713	https://cafe.daum.net/LnT

지역	상호	주소	대표 및 연락처	커뮤니티 카페
서울 강남	강남클럽 판땅고	서울시 서초구 강남대로 595 B1	판도라 010-8709-0340	https://cafe.daum.net/BTF
	탱고라숨바	서울시 강남구 역삼동 830-54, B1	지노 y 유니 010-6261-1551	https://cafe.daum.net/layumba
	또도땅고	서울시 강남구 언주로172길 7 대명빌딩 B1	미선 010-7745-4324	https://cafe.daum.net/ TODOTANGO
	라임탱고	서울시 강남구 역삼동 830-6 베어하우스 지하1층	초코여신 010-3311-9325	https://cafe.daum.net/ limetangocafe
	까를로스 탱고 *(DJ수업)	-	까를로스 010-9419-7149	https://cafe.daum.net/ tangoxtango
	달빛탱고	서울시 강남구 선릉로 709 청운빌딩 B1 Tango Magenta	타로니아 010-4410-0710	https://cafe.naver.com/ thestep2011
	노바탱고	서울시 서초구 반포대로30길 82 엔빠스 스튜디오	아란 010-2017-4933	https://cafe.naver.com/ novatango?tc=shared_link
	탱고라이프	서울시 강남구 역삼로109 B1 탱고라이프	곡산 010 9772 4990	https://cafe.naver.com/ tangolife
서울 기타	주한 아르헨티나 대사관	서울시 용산구 녹사평대로 206 천우빌딩 5F	국제 아르헨티나 탱고학교 010-9772-4990	https://open.kakao.com/o/ giuuMo2g
	탱고카페	서울시 중구 퇴계로 202	릴렉스 010-6836-1099	https://cafe.naver.com/ useserver
수원	수아땅	수원시 권선동 1013-3 2층 수원댄싱위드송	동호회	https://cafe.daum.net/ tangosuwon
	쿠바탱고	수원시 팔달구 효원로1042-7 3층303호	신디 010-7749-5434	https://www.band.us/ band/71424166/post/2634
분당	땅고부엘로	성남시 분당구 수내동 19-3 대덕프라자 509호 바일라모스	자보 y 월향 010-3236-4259	https://cafe.daum.net/ tangovuelo

지역	상호	주소	대표 및 연락처	커뮤니티 카페
분당	러블리탱고	성남시 분당구 정자동 23-1 지파크프라자 5F	레이첼 010-9921-4045	https://band.us/@lovelytango
안양	안양탱고	안양시 동안구 관평로182번길 23 무지개프라자 3층 카라	동호회	https://cafe.daum.net/anyangtango
의정부	이그녹스	의정부시 평화로 557-1 B1	손윤이 010-4759-9540	https://cafe.naver.com/ignox
평택	시니어탱고	평택시 탄현로 239-1 2F 루덴스 탱고스튜디오	코벤 010-2285-2266	https://www.band.us/@bnscoben

■ 대전&충청

지역	상호	주소	대표 및 연락처	커뮤니티 카페
대전	대전땅고라붐	대전시 유성구 궁동 451-7 덕일빌딩 B1	동호회	https://cafe.daum.net/djtango
	땅겐미	대전시 유성구 대학로 127-1 분홍간판 지하1층 아수까	동호회 (매니저라퓨타) 010-5438-3186	https://cafe.daum.net/daejeontangoenmi
	아수까	대전시 유성구 궁동 418-2 B1	라퓨타 010-5438-3186	https://cafe.daum.net/azucar
	라 비스타	대전시 서구 괴정로 179 B1	디에고 010-5718-9593	https://cafe.daum.net/Milonga-Tarde
	까미니또	대전시 유성구 계룡로 66번길 5 3F	회경 y 여만 010-7411-1212	https://cafe.daum.net/dj-tango
	대전 오나다	대전시 유성구 대학로76번 안길 23 B1	오리진 010-6281-7907	https://cafe.naver.com/daejeontangoonada
청주	아브라쏘	청주시 상당구 상당로 120	동호회	https://cafe.daum.net/abrazo2014
	탱고 우르끼사	청주시 상당구 상당로 120	동호회	https://Cafe.daum.net/tangourquiza
	라플라타	청주시 흥덕구 사창동 474-3 3F	여름 010-5100-5660	https://cafe.daum.net/Cjtango/OlZi

지역	상호	주소	대표 및 연락처	커뮤니티 카페
대구	땅고 비엔또	대구시 중구 동성로2길 18-9 3F 아수라장	동호회	https://cafe.daum.net/ tango-Viento.
	아브라쏘	대구시 중구 동덕로 36길 24	동호회	https://cafe.daum.net/ newtango/BEIT
	카니발	대구시 중구 동성로 5길 43 킴스안경 4F	낭만게릴라 010-4538-4051	https://cafe.daum.net/ iloveCUBA/PDY5
	마리뽀사	대구시 중구 동성로2길 18-14 3F	오리지널 y 나비 010-6381-8878	https://cafe.naver.com/ mariposanabi
부산	땅비 부산 탱고클럽	부산시 진구 동천로 132번길 6	동호회	https://cafe.daum.net/ tangostart
	부산탱고	부산시 진구 부전동 241-41	동호회	https://cafe.daum.net/ pusantango
	가또땅고	부산시 진구 서면로 29-10	동호회	https://cafe.daum.net/ GatotangO
	깔리엔떼	-	동호회	https://cafe.daum.net/ CalienteTango
	뿌에르또 땅고	부산시 진구 서면로 68번길 41 2F	동호회	https://cafe.daum.net/ latindance
	꼬르떼뇨	부산시 진구 부전동 240-5번지 4F	페데리코 y 셀린 010-4860-0919	https://cafe.daum.net/ tangoacademycorteno
	카페 데 땅고	부산시 진구 서면로 68번길 41 2F	여비 y 징징 010-2800-7157	https:// www.cafedetango.com
	이데알	부산시 진구 부전동 241-41, 3F	사라한 010-2200-3859	https://cafe.daum.net/ busantango
창원	헨떼 데 땅고	창원시 성산구 중앙동 95-3 공성상가 3F 하바나	동호회	https://cafe.daum.net/ absorbedby
	박미땅고	창원시 마산합포구 창동거리길 24-2	박미 010-3001-0789	https://cafe.daum.net/ dance0088
포항	포스탱고	포항시남구 중앙로83	동호회	https://cafe.daum.net/ pohangtangoclub
진주	땅고 아모르	진주시 남강로 541번지	동호회	https://cafe.daum.net/ jinamor
	탱고피플 진주	진주시 평거동 202- 5번지 3F	루팡 010-2545-2499	cafe.daum.net/ jinjutangopeople

■ 전북&전남

지역	상호	주소	대표 및 연락처	커뮤니티 카페
광주	꼰땅고	광주시 동구 중앙로 162-1 5F 미비다 탱고 스튜디오	동호회	https://cafe.daum.net/contangoclub
	탱고홀릭	광주시 화정동 825-12	동호회	https://cafe.daum.net/magomaga/oZJL
	리베르탱고	광주시 북구 중흥로 77 1F	동호회	https://cafe.daum.net/LiberTango
순천	순천탱고	순천시 연향동 1472-4 탱고바 빠송	나비 y 봉봉 010-8328-7414	https://cafe.daum.net/suncheontango

■제주

지역	상호	주소	대표 및 연락처	커뮤니티 카페
제주	올레탱고	제주시 연신로 68	교주 064-751-0109	https://cafe.daum.net/tangojj
	칙투칙 탱고	제주시 동광로 82 B1	플로우 010-9921-3676	-

· 한국 탱고이벤트 ·

시기	지역	행사명	오거나이저
2월	서울	데코레아나스	Jia, Eugene, Barbie, Ameliay, Hwayi, Fish, Luna
3월	경주	서라벌밀롱게로스	Augusto Kim & Moses Park
	포항	대게밀롱가	Pos Tango
	창원	벚꽃밀롱가	Han pacino
4월	서울	서울탱고페스티벌	Leo & Flo Tango
	대구	대구국제탱고마라톤	DoyaDoya
5월	군산	선셋탱고마라톤	IF
6월	부산	부산탱고마라톤	Moses Park
8월	제주	제주 썸밀롱가	Kim Seong Gong & Augusto Kim
	부산	부산탱고위크 '엘마르'	Chanbee Bokchan Park
9월	순천	빅밀롱가 '에스뜨레쟈스'	Bongbong & Navi
10월	춘천	춘천탱고마라톤	John
	서울	서울탱고위크	Fish Tango & Tae bong
	부산	부산탱고페스티벌	Zingzing Lee & Yobi
11월	부산	한국스페셜탱고위크	Moses Park & Nina Park
12월	서울	샴페인밀롱가	Sophia Chung & Eaddie Kang
2개월마다	서울	세나쑈탱고쇼 및 일일 체험클래스	Iri-arte

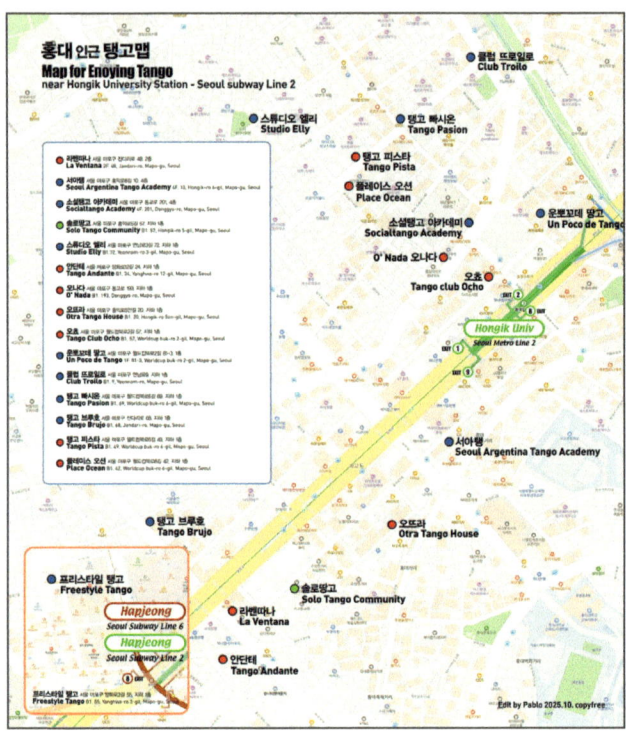

MEMO

· 탱고 다이어리 ·

<01-JANUARY> 09 September

MON	TUE	WED	THU	FRI	SAT	SUN
	1	2	3	4	5	6
7	8	9	10	11	12	13
14	15	16	17	18	19	20
21	22	23	24	25	26	27
28	29	30				

MEMO

MON	TUE	WED	

MEMO

FRI	SAT	SUN

MON	TUE	WED	

MEMO

FRI	SAT	SUN

MON	TUE	WED	

MEMO

	FRI	SAT	SUN

〈 04-April 〉

MON	TUE	WED	

MEMO

FRI	SAT	SUN

⟨ 05-May ⟩

MON	TUE	WED	

MEMO

	FRI	SAT	SUN

< 06-June >

MON	TUE	WED	

MEMO

FRI	SAT	SUN

MON	TUE	WED	

MEMO

FRI	SAT	SUN

< 08-August >

MON	TUE	WED	

MEMO

FRI	SAT	SUN

⟨ 09-September ⟩

MON	TUE	WED	

MEMO

	FRI	SAT	SUN

⟨ 10-October ⟩

MON	TUE	WED	

MEMO

	FRI	SAT	SUN

〈 11-November 〉

MON	TUE	WED	

MEMO

	FRI	SAT	SUN

MON	TUE	WED	

MEMO

‹ 12-December ›

FRI	SAT	SUN

지구 소환행 시리즈 출간 예정

지구 소환행 시리즈 L
- 밥은 먹고 다니냐?
오행으로 풀어보는 일주일 행복 도시락

지구 소환행 시리즈 F
- 지하철에서 끝장내는
행복 부자 가이드

지구 소확행 시리즈 T (Tango)

탱고, 백년짜리 지구별 여행에 최고 반려 취미

1쇄 발행 2025년 11월 10일
지은이 최미옥
펴낸이 김영경
펴낸곳 쏠딴스북
표지 디자인 이지선
인디자인 인지예

출판등록 제2021-000088호(2021년 6월 22일)
주소 경기도 파주시 탄현면 헤이리마을길 82-91 B동 202호
이메일 fuha22@naver.com

ISBN 979-11-94047-23-0